芹田健太郎 著

国際人権法と日本の法制

信山社

はしがき

本書は、日本において国際人権法のことを人びとにもっと知ってもらうために、専門書の『国際人権法』（二〇一八）のみならず、新書としても出版したいと思っているのですが、という信山社の今井貴さん、稲葉文子さんの、いわば恐る恐るというかたちの、殺し文句で始まった。昨年のクリスマスには、新ブリッジブックシリーズ『国際法入門』を出版し、コロナの勢いが止まらない中、政府の推奨する「巣籠」で読書三昧の日々を過ごしていた時期であった。自由になる時間もたっぷりあったので、コロナ禍を奇貨として、執筆をお受けした。

五月から執筆に入るにあたって考えなければならなかったことは、先ず、導入として、人と社会と法、について是非書いておかなければならないであろうことであった。続く難問は、国際人権法の理解には、国内の憲法その他の人権関連法のほか、国際法の理解が必須であり、これをどのように組み合わせるか、であった。しかも、現代の国際社会や日本社会が抱えている課題について、大上段から構えて論じたり、さりげなく組み込んでみたりするにはどうすればよいのか、頭を抱え込んでしまった。

挙げ句が、編別構成にして、第一編、第二編は、いわば極めてオーソドックスなものとし、国際法を正面に据えることであった。とは言え、とくに、第一編では、国際人権法が自分たちとは縁遠い世界のことではなく、日常生活と深くかかわっていることを知ってもらうため、日本の法制とのかかわりを読み込んだ。第二編では、人権をめぐって行われる、国際機関を通じた、日本と国際社会との「建設的対話」の内実にも目を向けた。なお、国際法の視点からは、『国際法入門』でも触れており、合わせてご参照下されば幸いである。なおまた、関連条約については、『コンパクト学習条約集』（信山社）をお手元に置いて下されば理解が深まることかと思われます。

何よりの難問は、しかし、いかに分かりやすく説けるか、であった。こればかりは、読者の判断を待つばかりである。本書が類書と大きく異なるのは第三編である。人権関係では多くの人たちが関わって働いている。そのことをまとめて知ってもらいたく思ったし、その人たちにエールも送りたかった。

二〇二一年一〇月

芹田健太郎

目次

第一編　人　権

第二編　国際的履行確保措置

国際人権法と日本の法制

序章

一　人と社会と法と

はじめに、私たちの生活を基点にして、「国際」と「人権」と「法」について簡単に触れておきたい。

私たちは社会の中に生まれる。成長するに従い、私たちは社会の共同生活に参加していく。私たちの日常生活は実に様々な要因によって律せられている。私たちは目覚めると挨拶を交わすし、多かれ少なかれ流行に左右される。今ではコロナ禍で、世界中でマスクをしている。一定の集団の中では、集団内部のしきたりによって行動することを求められもする。私たちは、良心に基づいて自己の行為を判断するし、社会の中の道徳によってもその行為が律せられている。私たちは社会の日常生活の上で、実に様々な基準によって、その行為を方向づけられている。こうした人の行為を方向づけるもののことを「行為規範」という。「法」は、流行や風習やしきたりや道徳などと並んで、こうした行為規範のひとつである。

人の日常生活は、このように、いろいろな社会規範や道徳規範によって律せられているが、法規範のことは、交通ルールのほかはあまり意識することはない。しかし、交通機関の利用や日用品の購入など必ず売買という法的側面に関わり、また外国旅行に出かけたりすれば、自国のパスポートや訪問国のビザの取得など、嫌でも複数の国家との関係に入らざるを得ない。

ところで、「法」という言葉は、ヨーロッパの言語では droit（仏）、Recht（独）、derecho（スペイン語）など、いずれも、同時に「正義」の意味をもち、また、「権利」の意味ももつ。法と権利を明確にするには、法の場合には英語の objective、権利の場合には subjective に当たる形容詞を付す。つまり、主観的に人の側から見れば「権利」であり、客観的に社会の側から見ると「法」になる。

いずれにしろ法は「正義」の上に立つ。そこで、法の目的は「正義の実現」にあるといえる。と同時に、法は社会を秩序立てているものであり、その意味で、法のもう一つの目的は「社会の安定」、そのための「法の安定」にある。

このように、人を中心に見ていけば、法は権利の体系と見ることができる。人と人との間に成立する複雑多様な生活関係は、法的には、権利義務の関係としてとらえられる。

公的生活関係は、統治との関連から生まれるもので、憲法その他公法で規律される各種権利として表わされる。最も基本的なものが基本的人権である。

私的生活分野は複雑なのに対応して、いろいろな型が知られている。第一に、社会を構成する人そのものの存在と切り離すことのできない権利、すなわち生命・身体に対する権利、名誉やプライバシーの保護を受ける権利、肖像権などの人格権がある。第二に、人は個人として裸で社会の中に生活しているわけではなく、経済的に価値のある財産を使用・収益し、処理することの権利、物権や債権や無体財産権をもって生活している。第三に、人は家族の中に存在するのであり、人が家族関係に関連してもつ権利、親権や相続権等の身分権がある。

これらの権利は一国内で多くは議会による制定法の形で表現されている。人びとの生活は、「ヒト」がいかに多様性をもつとはいえ、国ごとに異なるというものではなく、私権に関しては多くが同様の内容として現れる。しかし、公権はその国の統治形態によってはかなりの変異が見られることは周知のとおりである。

さて、人びとが国を越えて生活することは、今日においても、さほど多くは見られない。しかし、国を越える問題に関しては、古くから国々は国家間の約束、国際約束（合意）(international agreement）に基づいて処理してきた。この合意には暗黙のものも明示のものもある。前者は慣習が法化した慣習法であり、後者は国家間で結ばれる条約である（芹田『国際法入門』（信山社、二〇二〇）参照）。

古くは、戦争と平和が国々の関心であったが、第一次、第二次の両大戦を経て植民地が独立した二〇世紀も後半に至って世界中で取り組むべき問題として「人権」が登場してきた（人権保障の簡潔な歴史記述として、芹田『国際人権法』（信山社、二〇一八）序論第二章参照）。一国内における人権蹂躙が世界の平和をも脅かしたからである。国際人権保障はこうした悲劇の上に打ち建てられたのである。

二　国際人権とは何か

国際人権あるいは国際人権法とは何か

二〇二〇年夏、コロナ禍の最中、アメリカで黒人男性が白人男性に殺される事件がまた発生し、BLM（Black Lives Matter、直訳は「黒人の命は大事」、腑に落ちる意訳は「黒人の命を軽く見るな」）を掲げるデモが行われ、イギリスから世界へ広がった。

また、二〇二一年五月、イスラエルは、二〇〇七年以来完全封鎖下に置いているパレスチナのガザ地区を猛爆し、二五〇人以上が死亡したと報じられた。子どもたちが六〇人以上いたと伝えられ、米国主要メディアも沈黙を破り、またBLM活動家たちも、イスラエル批判の声明を発表した。パレスチナ人の命も大事だから。

一国家のうちに留められていた人権保障が世界の関心事となったのは、第二次世界大戦以降のことである。「われらの一生のうちに二度まで言語に絶する悲哀を人類に与えた戦争の惨害から将来の世代を救」うために国際連合が創られ、その国際連合総会で、「すべての人民とすべての国が達成すべき共通の基準として」布告された一九四八年の世界人権宣言は、まず、「すべての人間は、生まれながら自由で、尊厳と権利とについて平等である」と宣言した。

世界人権宣言は、人権内容として、市民的・政治的権利、いわゆる自由権と、経済的・社会的・文化的権利、いわゆる社会権、それに参政権について語っている。しかし、国際人権の語はない。当時、国際人権は、出入国関連の権利として認識されていたのである。

ところで、国際連合は、共通の基準として「宣言」を布告し、これを宣言にとどめず、国家に法的義務を課す条約とすべく努め、一九五四年にいわゆる国際人権規約草案を発表した。ヨーロッパの伝統に従い、権利を自由権と社会権に二分するものであった。そして、締約国が権利を履行していくことを確保するための国際的な履行確保措置案が付加された。この草案の審議は、一九六六年に国連総会で採択されるまで、続いた。

一九六〇年代初めまでに採択された人権条約は、第二次世界大戦まで活動した国際連盟時代からの関心事項であった、奴隷、難民、無国籍、女性参政権、既婚女性の国籍等に関するものであった。

一九六〇年秋、新しく植民地から独立した国々が大挙して国連に加入した。一九六〇年三月に起きた南アのシャーペビル事件（反アパルトヘイトの黒人の平和的集会に当時の南アの白人政府が強権で臨み流血の惨事を引き起こした）を契機に、六三年人種差別撤廃宣言、六五年に人種差別撤廃条約が採択された。いわばこれを契機に、国連関係人権条約一覧に見るように、六〇年代中葉以降、多くの重要な人権条約が採択されていく。

こうして、人権条約で保障の対象とされた人権や慣習国際法上保障される人権のことを「国際人権」と呼ぶようになった。

三 人権の基礎——人間の尊厳の承認

人間はすばらしい。ひとりひとりの人が輝いている。人はみな生命にあふれている。そのひとりひとりの人が自己の生を全うできるような仕組みを人類は整えてきた。基本になるのは、人が生まれながらにもつ人権の保障である。

人間の尊厳の承認とは、ただ「人間」であるというだけで、無条件に、例外なく、事物や動物には見られない人間としての価値を認めるということである。ホロコーストを生み出したナチズムや全体主義に対する闘いが終わろうとしていた一九四五年六月二六日に採択された国際連合憲章は、「人間の尊厳と価値 the dignity and worth of the human person」を前

国連関係人権条約一覧（採択順）

	名　称	採択年月日	発効年月日	当事国数	日本
1	ジェノサイド条約	1948.12.9	1951.1.12	152	
2	人身売買及び他人の売春からの搾取の禁止に関する条約	1950.3.21	1951.7.25	82	○
3	難民の地位に関する条約（難民条約）	1951.7.28	1954.4.22	146	○
4	女性の政治的権利に関する条約	1952.12.20	1954.7.7	123	○
5	1926 年の奴隷条約を改正する議定書	1953.10.23	1953.12.7	61	
6	無国籍者の地位に関する条約	1954.9.28	1960.6.6	96	
7	奴隷制度、奴隷取引並びに奴隷制度に類似する制度及び慣行の廃止に関する補足条約	1956.9.7	1957.4.30		
8	既婚女性の国籍に関する条約	1957.1.29	1958.8.11	75	
9	無国籍の削減に関する条約	1961.8.30	1975.12.13	77	
10	婚姻の同意、最低年齢及び登録に関する条約	1962.11.7	1964.12.9	56	
11	あらゆる形態の人種差別の撤廃に関する国際条約（人種差別撤廃条約）	1965.12.21	1969.1.4	182	○
12	経済的、社会的及び文化的権利に関する国際規約（社会権規約）	1966.12.16	1976.1.3	171	○
13	市民的及び政治的権利に関する国際規約（自由権規約）	1966.12.16	1976.3.23	173	○
14	市民的及び政治的権利に関する国際規約の選択議定書	1966.12.16	1976.3.23	116	
15	難民の地位に関する議定書	1967.1.31	1967.10.4	147	○
16	戦争犯罪及び人道に対する罪に対する時効不適用に関する条約	1968.11.26	1970.11.11	56	
17	アパルトヘイト犯罪の禁止及び処罰に関する国際条約	1973.11.30	1976.7.18	109	

18	女性に対するあらゆる形態の差別の撤廃に関する条約（女性差別撤廃条約）	1979.12.18	1981.9.3	189	○
19	拷問及びその他の残虐な、非人道的な又は品位を傷つける取扱い又は刑罰に関する条約	1984.12.10	1987.6.26	172	○
20	子どもの権利に関する条約	1989.11.20	1990.9.2	196	○
21	自由権規約第２選択議定書（死刑廃止）	1989.12.15	1991.7.11	89	
22	すべての移住労働者及びその家族の権利保護に関する条約	1990.12.18	2003.7.1	56	
23	女性に対するあらゆる形態の差別の撤廃に関する条約の選択議定書	1999.10.6	2000.12.22	114	
24	武力紛争への子どもの関与に関する子どもの権利条約の選択議定書	2000.5.25	2002.2.12	171	○
25	子どもの売買、子ども買売春および子どもポルノに関する子どもの権利条約の選択議定書	2000.5.25	2002.1.18	177	○
26	拷問及びその他の残虐な、非人道的な又は品位を傷つける取扱い又は刑罰に関する条約の選択議定書	2002.12.18	2006.6.22	90	
27	障害者の権利に関する条約	2006.12.13	2008.5.3	184	○
28	障害者の権利に関する条約の選択議定書	2006.12.13	2008.5.3	100	
29	強制失踪からのすべての者の保護に関する国際条約	2006.12.20	2010.12.23	64	○
30	経済的、社会的及び文化的権利に関する国際規約の選択議定書	2008.12.10	2013.5.5	26	
31	通報手続に関する子どもの権利に関する条約の選択議定書	2011.12.19	2014.4.14	48	
32	国際組織犯罪防止条約を補足する人（特に女性及び児童）の取引を防止し、抑止し及び処罰するための議定書	2000.11.15	2003.12.25	178	○

＊国連文書によって芹田作成。○印は日本が当事国であることを示している。なお、当時国数は、2021 年 10 月 13 日現在。

文で謳《うた》いあげ、世界人権宣言は前文にそのまま取り入れ、さらに、人種差別撤廃条約、女性差別撤廃条約、子どもの権利条約もその各前文でこれを踏襲した。世界人権宣言採択四五周年記念ウィーン世界人権会議は、当然のこととして、「すべての人権は、人間に固有の尊厳と価値に由来すること」を確認している。

その他地域的にも、米州は一九四八年に「米州諸国民は個人の尊厳を認めてきた」と宣言し、一九六九年の米州人権条約では「人の不可欠の権利は、人がある国家の国民であることから派生するものではなく、人間人格の属性（attributes of the human personality）にもとづいていること、ならびに、したがって米州諸国の国内法に規定する保護を補強しまたは補充する条約の形式での国際的保護を正当化することを承認する」と謳《うた》っている。

また欧州では、世界人権宣言に実効性をもたせるために、一九五一年に欧州人権条約を締結し、また一九七五年の全欧安保協力会議最終議定書、ヘルシンキ宣言第七（思想、良心、宗教または信条の自由を含む人権および基本的人権の尊重）において、「これらの権利はすべて人間人格（the human person）に固有の尊厳から派生し、人間の自由かつ十全な発展に不可欠な」ものと言う。

アフリカ諸国は、一九八一年のアフリカ人権憲章において、「人間存在は不可侵である」

こと、「すべての個人は人間存在（human being）に固有な尊厳の尊重を受け、その法的地位の承認を受ける権利を有する」ことを規定した。

アセアン諸国は、二〇一二年のアセアン人権宣言においてこれらを確認している。

ところで、各国憲法も、第二次世界大戦後のフランス憲法がフランス人権宣言に言及し「人間」の権利を謳い、四九年のドイツ連邦基本法は第一条に明文規定を置き「人間の尊厳（die Würde des Menschen）は不可侵である。これを尊重し、かつ、推進することは国家権力の義務である」とした。そしてニュアンスの差こそあれ、日本国憲法も第一三条に「すべての個人は、個人として尊重される」と規定し、この理念を宣言している。

これらの文書においては、人間につき、human person（人間人格）、human being（人間存在）、individual（個人）と異なる表現をしており、子細に検討すれば、ニュアンスも強調点も若干異なるが、法的には同じ意味をもつものと理解できる。

人間は、素質と環境によってのみ決定されるものではなく、その自由意思によっても形成される。人間は自分を自由に作り上げる可能性をもつ存在なのであり、人間の尊さは、その人格の輝きにある。人間の尊厳は、他の基本的人権思想上の出発点となる（以上、芹田前掲『国際人権法』参照）。

＊国際連合における公用語で作業言語である英語とフランス語における「人」または「人間」の表現について一言。

世界に大きな影響を及ぼした一七八九年のフランス人権宣言は、日本語で「人および市民の権利」と訳されるが、フランス語は des droits de l'homme et du citoyen である。l'homme は、普通には、la femme（女）に対する「男」である。そこで、オランプ・ドウ・グージュは「女性と女性市民の権利宣言」(Décralation des droits de la femme et la citoyenne, 1791）を出した。

世界人権宣言も、草案段階で、man が用いられていたが、国連人権委員会における女性委員の異議によって、all human beings（英）、tous les êtres humains（仏）に変更された。言葉だけでは世界は変わらないが、言葉は内心から生まれる。言葉を変えることの意味は大きい。国際連合では、しかし、混乱も見られる。環境と開発に関して、一九七二年のストックホルム宣言では man を用いたが、ブルントラント委員会の打ち出した「持続可能な開発」に基づく一九九二年のリオ宣言では human being となった。

日本語では、「男」という言葉が「人」を表わすことはなく、「人」は「男」と「女」からなるが、社会は女を男の下位に見てきた男性優位社会である。

四　絶対的人権

絶対的の意味

人の世には「絶対的」と言えるものはない。なぜ、「絶対的」人権なのか。「絶対的」に対しては「相対的」が対置される。つまり、「絶対的人権」には「相対的人権」が対置されることとなる。

「人権」は、人が生まれながらにもつ「権利」のうち、もっとも基本的な公権であると定義される。そうであれば、人は人から生まれ、社会の中で育ち、死んでいくのであるから、人がもつ権利にはその人生の全過程において種々のものがある。前述のように、人のもつ公私の関係を二分すると、人が他の人との私的関係でもつ権利、私権と、公的関係でもつ権利、公権とに分けられる。

人が社会関係の中でもつ関係のなかで、公権力との関係でもつ権利、公権にも各種あり、そのうちの最も基本的なものが基本的「人権」とされる。

公私を問わず、しかしながら、最重要なものは、「生命権」であり、これを支える「人間の尊厳」である。

人間の尊厳を踏みにじる最たるものとして挙げられるのは、奴隷である。しかし、世界で奴隷が禁止され、奴隷貿易が禁止されたのは一九世紀末のことであった。

生命権も、人間の尊厳も、誰に対しても、どの国に対しても、また何処《どこ》においても主張できるし、護《まも》られなければならない。その意味で「絶対的」という。

現実には、確かに、人は、人によっても、権力によっても、生命を奪われ、尊厳を傷つけられ、平等も否定され、奴隷状態にも置かれてきている。しかしながら、人間の尊厳も生命権も、平等権も、絶対的な、不可譲のものである。

緊急事態と人権

緊急事態が生じたときは一定程度の人権への制約は許される、と人は考えがちである。しかし、権利についてそうした曖昧さは許されない。緊急事態とは何か。制約の対象となる人権とは何か。どの程度の制約なのか。

歴史的には、そして現代にあっても、恣意的な権力行使をチェックすることによって国民の権利・自由を保障することを目的とした立憲制度の下にあっても、憲法・法律によって守られている秩序を破り権力の拡大が図られ、権力が行使されてきている。

これが国家の非常事態における国家の権利と主張され、いわゆる国家緊急権として、大陸法系の諸国では、戒厳とか緊急命令という形をとり（日本の明治憲法下ではこれに類似した制度が採られていた)、いわゆる英米法系では、マーシャル・ロー(Martial law)といわれる制度としてある。

周知のように、ドイツ革命によって成立したワイマール憲法では、憲法秩序を守るために憲法の中に国家緊急権を取り入れていたが、ナチスによって大統領緊急命令発布権が無制約に利用され、結果的に立憲主義が否定された。

ドイツでは、夙《つと》に純粋法学者ケルゼンが一九二五年に、「国家は『生存』せねばならぬという殊勝な断言の背後には、多くの場合次のごとき無縁慮な意志だけが隠されている。それは『国家緊急権』が是認されているという事態を利用しようとする人々が、国家をば自分たちが正しいと思うような仕方で生存させようとする意志に他ならない」(清宮四郎訳『一般国家学』一九三六)と指摘し、このことを一九四四年、東京帝国大学教授尾高朝雄が紹介していた(『法学協会雑誌』六二巻九号)。

日本の現行憲法は国家緊急権条項を置いていないが、そのことについて当時の金森国務大臣は次のように答弁している(第九〇回帝国議会衆議院「帝国憲法改正案委員会議録(速記)第一三回。但し、片仮名は平仮名に直した)。

「民主政治を徹底させて国民の権利を十分擁護致します為《ため》には、左様《さよう》な場合の政府一存に於《お》いて行ひまする処置は、極力之《これ》を禁止しなければならぬのでありますす言葉を非常と言うことに藉《か》りて、其《そ》の大いなる途《みち》を残して置きますなら、どんなに精緻なる憲法を定めましても口実を其処《そこ》に入れて破壊せられる虞《おそれ》絶無とは断言し難《がた》いと思います。」

日本も、しかしながら、現在の新型コロナ対策がそうであるように、国内法にもとづき対処している。

ところで、日本も当事国であり、法的に拘束されている国際人権規約は、自由権規約第四条において次のように規定する。

「国民の生存を脅かす公の緊急事態の場合においてその緊急事態の存在が公式に宣言されているときは、この規約の締約国は、事態の緊急性が真に必要とする限度において、この規約に基づく義務に違反する（derogating from obligations　義務から免れる）措置をとることができる。ただし、その措置は当該締約国が国際法に基づき負う他の義務に抵触してはならず、また、人種、皮膚の色、性、言語、宗教、又は社会的出身のみを理由とする差別を含んではならない。」

自由権規約は、国連加盟の一九三カ国中（二〇二一年四月現在）、一七三カ国（二〇二一年八月現在）が当事国であり、世界のほぼすべての国に有効な条約であり、類似した条文は欧州や米州などの地域人権条約にもみられる。

なかでも最も古く、判例も多い欧州人権条約に例をとると（判例研究に、『ヨーロッパ人権裁判所の判例』および『同Ⅱ』（いずれも信山社刊）がある）、北アイルランドでの事件を扱ったローレス事件判決では裁判所は次のように言う。

国民の生命を脅かす公の危険（public emergency）の語の通常の慣用的意味は十分に明らかであり、「国民の全体に影響を及ぼし、国家を構成する共同体の有機的な生命にとって脅威となる危機（crise）または例外的な重大な危険（danger）の事態を意味する。」

またギリシャ軍事政府を訴えた一九六九年のギリシャ事件決定で、欧州人権委員会は、緊急事態が(イ)現実のまたは差し迫ったものであること、(ロ)国民全体を巻き込むものであること、(ハ)共同体の組織だった生活の継続が脅かされていること、(ニ)公共の安全、公衆衛生および公共の秩序を維持するために条約上許されている通常の措置や規制では明白に不適切であること、を緊急事態の指標としている（詳細は、芹田前掲『国際人権法』参照）。

しかしながら、緊急事態においても効力停止を禁じられている人権（non-derogable rights）がある。自由権規約が掲げるのは次のものである。

第一に、生命権、拷問禁止、奴隷禁止（債務奴隷禁止を含む）
第二に、罪刑法定主義および遡及処罰の禁止
第三に、すべての場所において法の前に人として認められる権利
第四に、思想・良心・宗教の自由（子どもに対する両親の宗教教育の自由を含む）
最後に、自由権規約には掲げられていないが、一般国際法規範としての権利であるものも効力停止できない。

第一編　人　権

第一章　慣習法上の人権

一　慣習国際法とユス・コーゲンス（強行法規）

法律の規定には当事者がそれと異なる特別の約束（特約）をした場合に、それを無効とするような規定もあれば、特約が優先し当該規定が排除されてしまうものもある。前者を強行法規、後者を任意法規という。一般的に、国内法の場合には憲法を頂点とする法効力の階層性《ヒエラルキー》が見られる。しかし、伝統的な国際法には、法効力の階層性は見られず、法規範相互間の関係については、「後法は先法を廃する」（Lex posterior derogat priori）という後法優先の原則しか存在しなかった。

第二次世界大戦までは、例えば、武力による国家の征服・併合や植民地化が承認されていたように、国家の独立権や平等権でさえ、基本的に、任意規範とされていたし、強制による条約締結も許されていた。

状況が変わるのは、戦争が違法化され、植民地が次々に独立してからである。

こうした中で、不平等条約や強制による条約の無効が語られ、日本も当事国である一九六九年の条約法に関するウィーン条約（条約法条約）は、「締結の時に一般国際法の強行規範に抵触する条約は、無効である」と定めた。

何が「強行規範」であるのかについて条約法条約は沈黙している。しかし、条約を準備した国連国際法委員会は、最終草案のコメンタリーの中で、「強行規範」に反するものとして、例示的に、国連憲章の諸原則に反する不法な武力行使、国際法によって犯罪とされるその他の行為の遂行、すべての国が鎮圧に協力すべき奴隷貿易、海賊または集団殺害を目的とする条約を挙げ、その他に、国際法に反する犯罪とか、人権条約、国家平等、自決原則に違反する条約を挙げている。

こうして、今では、国際法の中にも、「強行規範」を頂点とする法効力の階層性が生まれることになった。

人権にかかわる分野では、一九世紀に成立した奴隷制の廃止、二〇世紀中葉に生まれたジェノサイド（集団殺害）の禁止、同後半のアパルトヘイトの禁止等がこれに当たる。

いずれも人間の尊厳の承認に係るものであり、当然のこととして生命権の承認がある。

二　平等・差別禁止

平等原則　人間の平等という理念は、すでに触れたように「人間の尊厳」の原理の当然のあらわれである。しかし、これが近代憲法の中に「法の下の平等」（equal under the law）として受け入れられたのは、とくに人間生来の平等を強く主張する近代的自然法（または自然権）思想、神の前におけるすべての人間の平等を説くキリスト教思想、平等価値の実現を目標とする近代民主主義など、近代的な諸要因を背景としてであった。法の下の平等原則は、国家権力からの自由と並んで、近代憲法の不可欠な基礎である。

歴史は、平等の確保を目指して進められてきたことをわれわれに教える。一七七六年のアメリカ独立宣言は「すべての人間は平等に造られている」と表現し、一七八九年のフランス人権宣言は「すべての人間は権利において平等である」と宣言した。これは各国憲法が受け継ぎ、「世界を駆け巡った」と言われた。また、一九四八年の世界人権宣言、一九六六年の国際人権規約も宣言している。

今日では、しかし、「平等は法の出発点ではなくなって、法秩序の到達点となる」（ラートブルフ『法学入門』）。その意味では、平等は、法の出発点であり、しかも到達点である。

人間の平等が実定法として確立するようになったのは、奴隷制の廃止に見られるように、それほど古いことではない。しかし、今日これを否定する者はなく、各国憲法のみならず、各種の人権諸条約も、普遍的なものも地域的なものも、これを承認している。

「法の前の平等」については、かつてドイツ・ワイマール憲法の「法の前の平等」（vor dem Gesetz gleich）について、この規定は法律が平等に適用されるだけであり、差別を内容とする法律の制定を禁止する趣旨ではないとする解釈が有力とされたように、単に法の適用における平等だけを意味するかが問われるが、自由権規約は、法律による「平等の保護」を規定しており、これは立法者をも拘束し、差別的な立法は許されない。その意味で、法の前の平等は、法の適用の平等も法の内容の平等も要求する。

なお、自由権規約の第二条は「この規約において認められる権利」についてのみ平等を保障する条約限定的な従属規範（subordinate norm）であるが、第二六条は一般的に平等の保障を規定しており、それ自体独立の権利である自立規範（autonomous norm）であり、自由権にも社会権にも適用されることが、オランダ失業給付法事件以降に確認されていることに触れておこう（詳細は、芹田前掲『国際人権法』参照）。

差別的取り扱いの禁止

平等原則は人間の平等をいわば正面から定めるとともに、裏側から差別を禁止することによって具体的に平等を保障している。

自由権規約は次のように規定する。

「法律は、あらゆる差別を禁止しおよび人種、皮膚の色、性、言語、宗教、政治的意見その他の意見、国民的もしくは社会的出身、財産、出生またはその他の地位等いかなる差別に対しても平等のかつ効果的な保護をすべての者に保障する。」

この規定方式は人権条約のみならず、各国憲法の採るところでもある。日本国憲法は「人種、信条、性別、社会的身分又は門地により、政治的、経済的又は社会的関係において、差別されない」と定める。「差別されない」というのは、人間性を尊重するという個人主義的、民主主義的な理念に照らして、不合理と考えられる理由による差別が法の下の平等原則に反するとされる。掲げられている理由は不合理と考えられる理由の代表的なものであり、限定的な列挙ではない。したがって、これらに該当しない理由による差別も許されない。

国際人権法上、差別とは、①あらゆる区別、排除、制限または優先であって、②政治的、経済的、社会的、文化的その他の分野における平等の立場での人権および基本的自由を認識し、享有し、または行使することを妨げたり、害する目的や効果をもつもの、を言う（「その他の分野」の文言については、人種差別撤廃条約一条一項は、「その他のあらゆる公的分野」といい、女性差別撤廃条約一条は「その他のいかなる分野」、障碍《がい》者権利条約は、「その他のあらゆる分野」という）。

確かに現実の人間社会には様々な区別、排除、制限、優先が存在する。こうした取り扱いの相違となる理由に着目して、われわれは、歴史的、経験的に見て、とくに不合理であったり、客観性に欠けると考えられるものを例示してきた。したがって、例示されている理由による区別には、禁じられた差別として強い推定が働き、差別する側（多くは公権力の側）にその差別についての正当化理由の挙証責任を負わせることになる。

主な差別理由

法の前の平等を保障する自由権規約二六条について、後述する自由権規約委員会は、別異取り扱いについて「客観的かつ合理的正当化理由」がある場合には条約違反ではないと判断している。

性　別　婚姻した男女の姓の選択に関して、婚姻した女性は夫の姓を名乗ることとされているナミビア法が条約違反として訴えられた事件で、ナミビアは、女性が夫の姓を名乗ることが長期にわたる伝統であり、当該法律はナミビア社会に一般に受け入れられた状況を単に反映したものに過ぎず、法的安定性を創るのに役立つ、と申し立てたのに対し、委員会はナミビアの申し立ては合理的でない、と判断した。また、ホモセクシュアル行為を犯罪とするオーストラリア・タスマニア立法を問題として訴えられたオーストラリアは「合理性」テストを満たしていない、とされた。なお、条約での「性」への言及は「性的指向」を含むと考えられているようである。

政治的意見　政治的意見を理由とする差別については、ラテンアメリカおよびアフリカ諸国において多くの事例が見られ、これらはいずれも独裁政権がらみと言っていい例であり、民主化とともに事件としては減少していく形態とみていいであろう。

宗教・信条　宗教・信条については、ヨーロッパで徴兵制を採っているオランダやフィンランドやフランスにおける良心的兵役拒否者との関連で、軍務に就いた者との兵役期間の長短の根拠の合理性等が問われているほか、カトリック系私立学校と公立学校との間、あるいはカトリック系私立学校とユダヤ系その他の学校の、学校間の政府補助の相違について、これが「合理的かつ客観的基準」に照らして、第二六条違反か否かが論じられている。委員会の意見はさまざまである。

他の地位――国籍、婚姻、障碍《がい》、年齢

「他の地位」条項でカバーされるのは、国籍(citizenship)、前に触れた「性的指向」(sexual orientation) および「婚姻」、「障碍」、「年齢」である。

「国籍」については、外国人の処遇が問題である。国際関係は一九世紀以降、原則的に相互主義によって規制されて今日に至っている。内外人平等主義は、先ず一九世紀に私権の分野で始まり、二〇世紀に至って初めて公権の分野に浸透してきた。自由権規約では、外国人の保護規定や参政権規定を除き、すべての権利が内外人平等に適用される。

事例として例えば、フランスの退役軍人年金事件で、フランス人とフランスの植民地であったセネガル人との間の兵役期間中の役務に応じた年金支払いについては、国籍に関わらず平等に支払われるべきである、との判断が示された等がある。

「婚姻」については、婚姻した男女と非婚のカップルとの別異扱いや、異性カップルと同

性カップルとの関係、さらには嫡出子と非嫡出子（婚外子）との問題など、多くの論点がある。

非婚の配偶者（パートナー）に関する社会的価値観は多くの社会において近年急速に変化してきており、法律婚が以前のような重要性をもたなくなっており、婚姻した夫婦に伝統的な特権を与えようとすれば、なぜそのような特権を法律婚の夫婦のみに与えるのかについて、ますます重い挙証責任が政府には負わされてくる。婚姻の有無によって取り扱いを異にすることについては、論理的には、別異扱いを承知の上で行う男女の自由選択の問題として差別を許容したものと位置付け整理することも可能かもしれないが、同性カップル（same sex couple）と異性カップル（opposite sex couple）との取り扱いの差別はこれを正当化するのは難しい（米国連邦最高裁判所は二〇一五年判決で、憲法修正第一四条の平等保護違反として、同性婚を許容する判断を示した。詳しくは、芹田前掲『国際人権法』）。

「障碍」と「年齢」のうち障碍については障碍者権利条約が別途締結されているので後述するとして、年齢について、オーストリアを国有会社のパイロットが六〇歳定年制を条約違反として訴えた事件では、年齢そのものが「その他」条項でカバーされることは明示的に認めたものの、乗客・乗員その他飛行によって影響を受ける人びとの安全を最大限にするという目的から考え、ＩＣＡＯ制度その他から、解雇当時この差別が「客観的かつ合理的考慮」にもとづくものにあたらないとは言えないと判断された。

＊「障碍」と「障害」について
障碍者権利条約は、政府公定訳では「障碍」を「障害」としており、第二章六（一一二～一五七頁）では、便宜上、政府公定訳に従う。

三　生命権

生命権の意味と範囲

すべての人は生命に対する固有の権利を有し、法律によって保護され、恣意的にその生命を奪われることはない（自由権規約六条）。「恣意的に」の文言には、「違法に」の意も。「不当に」の意も含まれる（『国際人権規約草案註解』参照）。

生命権保障の規定は、個人から見れば生命を奪われない権利であるが、国家としては生命権を保障する積極的措置をとる義務がある。国家機関による殺人・強制失踪の防止、調査、処罰が当然含まれるほか、国家公務員の教育、訓練、被拘禁者の保護等が含まれる。

生命権の射程については、自由権規約委員会は、恣意的な人命損失の原因となる戦争、ジェノサイド行為その他の大量暴力行為を防止する義務を国家は負うている、と考えており（一般的意見第六）、きわめて広範囲に及ぶが、人命の問題に絞って議論すると、その始期と終期のうち、米州人権条約が「一般的に受胎の時から」と定めることとの関連で、妊娠中絶については、胎児が母体から独立して生育できない時期における母体の生命保護のための中絶は別として、優生思想にもとづくものは決して許されないことが確認された。

いわゆる安楽死（euthanasia）あるいは尊厳死（death with dignity）についても触れておきたい。安楽死の定義は見当たらないようであるが、大まかに言えば、致死性の薬物の服用や投与により人や動物を死に至らしめるのを積極的安楽死と言い、救命、回復、維持のための治療を開始しない、あるいは、開始しても中止することによって死に至らしめる行為、いわゆる終末期にある患者の延命治療をしないのを消極的安楽死と呼ぶようである。日本刑法では、第一九九条や第二〇二条の自殺関与・同意殺人罪が問題とされることがある。

国家による薬物投与による殺人は、そもそも人権規約違反であるが、安楽死に関しては国家間にコンセンサスがあるとは思えない。

ヨーロッパ人権条約の生命権保障規定（第二条）に関しては、進行性筋萎縮症の英国の女性が苦痛から逃れるために夫に手助けを求め、夫が自殺幇助で罰せられないよう国に訴追免除を求めたが却下され、英国を条約違反として訴えた事件で、欧州人権裁判所は「第二条は、言葉のこじつけをしなければ、真逆の権利、つまり死ぬ権利（a right to die）を与えているとは解釈できない」と判示した。

自由権規約と欧州人権条約は同根と言えるので、自己決定権をしても、死を選ぶ権利を認めるのは難しいと言うべきである。仮に老齢や障碍《がい》等による経済的負担等を理由に自己の意思で死を選ぶことを余儀なくされる社会的圧力が働くようなことがあれば、これをはねのける根拠となるのが生命権の保障である。社会全体として患者の生き辛《づら》さを緩和する方策を考えるべきである。

死刑廃止の方向性

死刑は国家による生命の剝奪である。

一九八九年一二月に国連総会は、自由権規約の追加議定書となる、死刑廃止議定書を採択した（日本未加入）。一九六九年の自由権規約採択当時には、死刑廃止規定は採択されておらず、死刑存置国に対しては、死刑に条件を課した（六条二項）。罪刑法定主義は当然ながら、死刑は「最も重大な犯罪」に対してのみ科することができ、権限ある裁判所の言い渡した確定判決によってのみ執行することができる。しかも、一八歳未満の者、妊娠中の女子に対しては執行してはならない。なお、いかなる者も、特赦、減刑を求める権利を有し、死刑に対する大赦、特赦、減刑はすべての場合に与えることができる。

ところで、「最も重大な犯罪」（the most serious crimes, les crimes les plus graves）とは何か。この文言は明白ではないとの批判が見られるが、自由権規約委員会には、火器を用いた窃盗犯ではあったが、死傷者が居なかった事件での死刑は条約違反と判断した事例がある。当該行為によって人を死に至らしめることが要件となると言える。なお、政治犯罪、経済犯罪、財産犯罪には死刑は適用されない。

なお、犯罪人引渡に関して、引渡犯罪が請求国の法律により死刑を伴う場合には、国連モデル条約では、これを義務的引渡拒否理由の一つに掲げている。しかし、被請求国が死刑を科されないか、または、科されたとしても、執行されないと十分に考えられる保障を引渡請求国が与える場合はこの限りではない、としている。

第六条の生命権保護規定は、最後に、死刑廃止を遅らせたり、妨げるために援用してはならない、と定めた（同六項）。

拷問等禁止

拷問または残虐な、非人道的あるいは品位を傷つける*取扱いや刑罰の禁止は、第二次世界大戦前・中の拷問や残虐な取扱いの反省の上に、国際連合が、戦後一九四八年の世界人権宣言でいち早く取り上げ、これを契機に、欧州人権条約、自由権規約の中で条約化されたものである。

＊「品位を傷つける」は、自由権規約第七条の公定訳であるが、英語はdegrading、仏語はdégradantであり、同じ文言が、一九四九年の赤十字ジュネーヴ条約共通第三条（内乱時の禁止事項）にも使用され、こちらの公定訳は「体面を汚す」待遇とされている。日本はいずれの条約の当事国でもある。

一九七〇年代には、しかし、一部の国の軍事独裁政権による無軌道な過酷な弾圧が行われ、一九七五年の国連総会は「拷問その他の残虐な、非人道的または品位を傷つける取扱いまたは刑罰を受けているすべての人の保護に関する宣言」を採択した。同宣言は、これらのいずれの行為も「人間の尊厳に対する犯罪」と捉えた。そして、一九八四年には拷問等禁止条約が採択された。また、軍事独裁政権下において多くの失踪者が現出し、一九九二年に強制失踪者保護宣言、二〇一〇年に強制失踪者保護条約が効力を発生した。

さて、「品位を傷つける」取扱いとはどのようなものか。自由権規約のモデルは欧州人権条約であり、欧州でのリーディング・ケースは、イギリス属領マン島での、むち打ち刑を訴えたタイラー事件である。この事件において、体罰の与える屈辱感、心理的苦痛を受けたことが認定された。その他に、北アイルランド事件では、捜査・尋問手段として目隠しして立たせたり、足を開いて手を挙げて立たせたり、継続的に騒音に晒したり、睡眠をとらせなかったり、水・食糧を少ししか与えなかったり、というのが非人道的な残虐な取り扱いとされた。ロシアが訴えられたカラシニコフ事件では、拘禁施設の劣悪な状況下での長期間の拘束が条約違反とされ、英国が米国への引き渡しに関して訴えられたゾーリング事件では、死刑存置国米国への引き渡しが、いわゆるdeath-row phenomenom（死刑の順番待ち現象）と呼ばれる長期間の拘禁に服することになり、これが条約違反とされた。

以上のケースはいずれも欧州人権条約下のものであるが、しかし、文言は自由権規約も米州人権規約も同様であり、類似した事例については類似の判断がなされる。自由権規約委員会でも踏襲されていると言える。

なお、日本は拷問禁止条約の当事国であるが、拷問禁止委員会からの被収容者に対する処遇に対する質問に対して、防声具（gags　さるぐつわ）については、使用時間を三時間までとし、保護室の設置されていない留置施設に限って使用していること、また隔離については、三カ月以内、一カ月ごとの更新可であること、さらに健康状態のチェックについては、刑事施設職員の医師の意見を三カ月に一回聴くことになっている旨回答している。

拷問には身体的拷問も精神的拷問も含まれる。いかなる場合にも、緊急事態にあっても、この規定の効力停止は許されない。

奴隷、苦役、強制労働の禁止

自由権規約第八条はいかなる人も奴隷状態（slavery）に置かれず、隷属状態（servitude）にも置かれないことを保障し、いかなる形態の奴隷制度（slavery）も奴隷貿易も禁止し、強制労働を禁止する。本条は世界人権宣言第四条に由来し、日本で流布している翻訳では、「何人も奴隷、苦役のもとに置かれることはない」とされている。起草段階では、奴隷状態と隷属状態は二つの異なる概念であることから、別々の項とされた。奴隷貿易（slave trade）に女性取引（traffic in women）を含ませるべく、人身貿易（traffic in human beings）の語が提案されたが、奴隷貿易のみを扱うこととされた。

隷属状態は、奴隷状態が法的人格（the juridical personality）の破壊の意を含み比較的に限定された技術的観念であるのに対し、あらゆる可能な形態の、人による人の支配をカバーする、より一般的な理念であることが指摘された。そこで、隷属状態には、女性や子どもの人身売買や亡夫の兄弟との強制婚約等が含まれる。

なお、女性や子どもの人身取引については、国際組織犯罪防止条約を補足するための議定書によって禁止された（日本につき、二〇一七年八月一〇日発効）。

同八条は、さらに、何人も強制労働に服することを要求されないことを定める。

強制労働とは何か。強制労働については、一九三〇年の強制労働条約が次のように定義する（公定訳の片仮名を平仮名に替えた）。

本条約において「強制労働」と称するは、ある者が処罰の脅威の下に強要せられ、かつ、右の者が自ら任意に申し出でたるに非《あら》ざる一切《いっさい》の労働（any work or service 一切《いっさい》の作業または役務）をいう。

自由権規約は、しかし、定義を置かず、犯罪に対する刑罰として裁判所によって刑罰が言い渡される場合を除き、「強制労働」に含まれないものとして、次の四種のものを挙げた（八条三項(c)）。

(1)　裁判所の命により収容されている者の日常的作業と社会復帰のための作業を含む作業

(2)　軍務

(3)　緊急事態や災害時に要求される役務

(4)　市民として通常の義務とされる作業や役務

第二章　条約上の人権

序　世界人権宣言と国際人権規約

(一)　世界人権宣言

世界人権宣言は、第二次世界大戦を戦った連合国（United Nations）が戦後世界の平和と安全のために創設した国際連合（United Nations）の一九四八年一二月一〇日の第三回総会で採択された。歴史的には、そこにみられる人権尊重、民主主義の擁護は連合国の戦争目的であったものであるが、しかし、今日では、普遍的なものとして世界に受け入れられ、人権宣言は人類の在り方を示す共通の宝となり、そこから多くの人権条約が流れ出すこととなった。世界人権宣言は、その意味では、国家間に結ばれた人権諸条約と相俟《ま》って、人類社会の権利章典となったのである。

第二次世界大戦末期の一九四五年四月に始まった連合国会議で国連憲章草案が審議された折には、多数の人権関連条文案が提出された。しかし、戦後の平和と安全の維持のための秩序作りに精力が注がれ、人権に関しては、現行国連憲章第六八条に「人権の伸長に関する委員会」の設立を規定し、国連設立後、この委員会が人権規定を準備することとされた。

設立された委員会は「人権委員会」（二〇〇六年の総会決議によって国連総会の下部機関「人権理事会」となった）とされ、「国際人権章典」の作成を任務とした。そこで委員会は、連合国会議に提出されていた各国提案等各種の提案を審議し、先ず道義的な目標を示す宣言を作成し、それを基本にして各国に法的義務を課す条約を作成することとした。こうして、国際人権章典は、総会が決議として採択する「宣言」と条約締約国会議で採択される「規約」からなることとなった。

＊「宣言」と「規約」という名称について一言

国際連合の慣行によれば、総会決議の中で、「宣言」の名を付す場合は、「正式の厳粛な文書であり、永続性のある非常に重要な諸原則が列挙されている場合」であり、「最大の応諾（コンプライアンス）が期待される場合にのみ」用いられる。

条約の名称にも、条約（treaty or convention）、協約、規程、憲章など種々あるが、covenant（「規約」）は、人権条約でも一般に用いられる条約名convention（条約）とは異なり、英語では、神との誓約の意味をもっており、日本語の「規約」が単に関係者間で相談して決めた規則の意であるのに対し、英語のcovenant（日本語訳「規約」）と日本語の「規約」との間にあるニュアンスの相違が分かりにくい。英語の条約名covenantは、国際連盟規約がそうであるように、国際社会にとって普遍的重要な価値をもつ合意に付されることが多い。

世界人権宣言は、内容的には、自由・平等、差別禁止をまず謳《うた》い（一条、二条）、その他に、いわゆる自由権（三条－二〇条）、社会権（二二条－二七条）と参政権（二一条）を取り上げている。この自由権規定を基礎に、国際人権規約の自由権規約が、そして、社会権規定を基礎に社会権規約が採択された。ただし、世界人権宣言と国際人権規約の大きな相違点は、世界人権宣言が「個人」の権利保障を謳っているのに対し、人権規約は、いずれも第一条に、いわゆる「民族」自決権を置き、民族の自決、つまり独立のないところに個人の人権保障もない、ということを明確にし、過去の植民地主義と訣別していることである。その意味では、世界人権宣言が「個人本位」的であるのに対し、国際人権規約は「団体本位」的な構

前　文		
民族自決権		
一般規定	（第Ⅱ部）	平等・無差別
		男女平等
		（権利制限規定）
		闘う民主主義
		最大限保障
実体規定	（第Ⅲ部）	自　由　権 社　会　権
実施措置	（第Ⅳ部）	〔Ⅰ〕義務的報告制度 A. 事務総長→経社理（一人権委） B. 事務総長→人権専門委
		〔Ⅱ〕任意的申立制度（自由権規約のみ） 1国家の申立 2個人の申立（選択認定書による）
雑　測		
最終条項		

A：社会権規約、B：自由権規約

成となっている（詳しくは、芹田前掲『国際人権法』参照）。

法的には、世界人権宣言は国連総会の単なる勧告以上の意味をもっているが、条約と同じ意味での法的効力をもつわけではない。しかし、少なくとも、次の四点は指摘しておかなければならない。

第一に、国際人権規約の解釈が分かれたとき、日本も当事国である一九六九年の条約法条約第三二条の解釈の「補足的な手段」、とくに「条約の準備作業（travaux préparatoires）および条約締結の際の事情」として世界人権宣言をその準備作業とともに援用できる。

第二に、古くから指摘されているように、米国、その他、フランス、イタリア、オランダ、フィリピン、スリランカ、イスラエル等の国々の国内判決で言及されてきたことのほか、とくに一九六〇年代独立諸国の憲法の中で言及されている。

第三に、当然のことながら、国際連合の諸機関は、その活動の基本に世界人権宣言を置き、その視点で各国の活動を検証している。

このように、世界人権宣言は、地球社会の基層をなすこととなり、これを基に多くの人権条約が作成されることとなったのである。

第四に、世界人権宣言を基に国際人権規約が作成されたように、その後の人権条約は、まず国連総会が「宣言」で目標を示し、その「宣言」を基に、「条約」が作成されていくようになる。世界人権宣言—国際人権規約は、その最初のパターンとなった。

㈡　国際人権規約

成立の経緯

国際人権規約は、前に触れたように、国連憲章第六八条が予定した人権委員会で審議され、世界人権宣言採択後、審議が本格化した。一九五〇年に自由権と実施措置からなる第一草案を国連総会へ提出、第五回総会は、社会権も含めること、民族・国の自決の権利の確保手段・方法の研究、勧告の準備を委員会に求め、さらに、翌年の国連総会で、ヨーロッパの伝統的人権分類に対応し、自由権に関する規約と社会権に関する規約という二つの別個の規約の準備を求め、ここに国際人権規約の基本的構造が決定した。二自由権規約草案と社会権規約草案からなる国際人権規約草案は、一九五四年に完成した。二つの草案は、可能な限り一つの条約の体裁をとり、第一部第一条民族自決権、第二部第二条ないし第五条の一般規定、第三部実体規定、第四部実施措置規定、これに加えて雑則と最終条項とされた。表に示す通りである。

国連総会は一九五五年から逐条審議を始め（日本は一九五六年に国連に加入）、一一年を費やし、一九六六年一二月一六日に社会権規約、自由権規約を全会一致で採択した。

国際人権規約は共通する前文で採択の動機として次の点を確認した。

(1)　人類社会のすべての構成員の固有の尊厳と平等で譲ることのできない権利を認めることが世界における自由、正義および平和の基礎であること

(2)　これらの権利が人間の固有の尊厳に由来すること

(3)　恐怖および欠乏からの自由を享受する自由な人間という理想は、すべての者が市民

的、政治的権利とともに経済的、社会的、文化的権利を享有することのできる条件が作り出される場合に初めて達成されることになること

(4) 諸国は、国連憲章のもとで、人権と自由の普遍的な尊重・遵守を助長すべき義務を負っていること

(5) 各個人は、他の個人と自己の属する社会とに対して義務を負い、この規約の定める諸権利の増進、擁護のため努力する責任があること、である。

(三) 人権保障の原則・保障の内容

人権保障の原則としては、平等・差別禁止、男女平等、最大限保障、闘う民主主義を掲げる。

平等・差別禁止

すでに触れたように、締約国は「すべての個人に対して、人種、皮膚の色、性、言語、宗教、政治的その他の意見、民族的(national　公定訳は、国民的)もしくは社会的出身、財産、出生または他の地位等によるいかなる差別もなしにこの規約において認められる権利を尊重しおよび確保することを約束」した(二条)。し

たがって、当然の帰結として、国籍は特に問題とされず、その意味で、内外人平等がこの原則に含まれる。この平等・差別禁止原則を受けて、規約第三部の実体規定の権利享有主体は、いずれも、「すべての者」「何人も」とされている。ただし、いくつかの条文規定では、特に「女子」「母親」「妊娠中の女子」「児童・年少者」「少年」「児童」「一八歳未満の者」を権利享有主体として規定し、また「少数者（minorities）の権利を保障している。

この人権規約の考え方は、まず、「人間」の権利を保障するが、人間という抽象的な存在はなく、具体的な人間は、男であり、女であり、児童であり、少年であり、多数者に属しているか少数者に属しているか、障碍《がい》をもつ者か否か、等々の形をとってしか存在しない。こうしたことや現実の経験に照らし、国際人権規約は、これまで人権保障の薄かった部分に着目し、いわば社会的弱者の保護に意を用いるものである。

男女平等

性による差別は、前述の第二条によって禁止されているが、さらに特記して、男女平等の最低限の保障を目指すものである。しかし、この第三条の規定は権利内容を条約に保障するものに限定しているという意味では、既述のように、条約限定的な従属規範（subordinate norm）であり、一般的な法の前における平等は、それ自体が独立した権利である自由権規約第二六条の定めるところによる。同第二六条はいわゆる自立規範

(autonomous norm) である。

自由権規約委員会は、一九八一年の一般的意見第四でこのことを確認していたが、二〇年以上にわたる活動の経験に照らし、本条の重要性に鑑み、二〇〇〇年三月にそれを全面的に改定した一般的意見第二八を採択した。

全面的に改定するに至った背景には何があったのか。

自由権規約は、後述するように、締約国による履行確保を得るために規約第四〇条において、締約国に報告義務を課し、「この規約の実施に影響する要因および障害が存在する場合には、これらの要因および障害を記載する」こととされているが、締約国が十分な報告をしてこなかったことがあり、委員会は、現実に男女の権利享有の不平等が世界中で見られ、しかも、宗教的態度を含め、伝統や文化の中に深く根を張っていること、また、女性の従属的役割を示すものとして女児胎児の中絶の高率があることとを指摘し、権利の実施に障害となる事態について完全な全体像を描けるように、その要因を同定し、必要な情報の類型を明瞭に示すこととし、改定したものであった。

そこで、たとえば、第四条の緊急時においても平等を確保するため、レイプや誘拐、ジェンダーを理由とする暴力から保護するためにとったあらゆる措置の報告や、第六条の生命権保護の報告に当たっては、出生率や妊娠・出産に係る女性死亡データ、望まない妊娠を避けるため、また生命を危険に晒《さら》す虞《おそれ》のある闇の中絶の根絶のための措置、女児殺し、ダウリ殺人等の生命権に係る報告、女性に対する貧困のインパクトなどの報告を含めることなどを求めている。このように、各条ごとに詳細な検討を加えることによって、第三条の男女平等の実質化を図ろうとしている。

最大限保障　国際人権規約の保障する人権は最低限の標準（ミニマム・スタンダード）であって、各国が規約に規定する以上に内容豊かな人権保障を行っていくことが望まれる。このことを、第五条において、次のように規定する。

「いずれかの締約国において法律、条約、規則または慣習によって認められまたは有する基本的人権については、この規約がそれらの権利を認めていないことまたは認める範囲がより狭いことを理由として、それらの権利を制限しまたは侵してはならない」（同二項）。

闘う民主主義　国際人権規約第四条、第五条一項は世界人権宣言第二八条〜三〇条に相当し、社会と個人とのかかわりについて述べている。第五条一項はヨーロッパ人権条約一七条（権利濫用の禁止）と同じである。同条は第二次世界大戦後のファシスト団体やナチスの復活を禁止する趣旨に出たものであり、同条の一般的目的は、全体主義団体が、彼らの有利に、条約上の諸原則を利用しうるのを防ぐことである。言い換えると、これらの団体が究極においては人権を抑圧するために、一時的に人権を援用することを防止しようとするものである。

しかし、ここには、「民主制の本質に内在するいちばんむずかしい問題」（宮沢『憲法Ⅱ（新版）』）がある。元来、民主主義には、憲法の保障する人権を否定ないし破壊するような言論等にも表現の自由はあるか、という、いわば永遠の問いがあり、ジレンマを抱え込んでいるからである。

ヨーロッパの事例、とくにローレス事件では、アイルランドは、ローレスがアイルランド政府の禁止するＩＲＡ（Irish Republican Army、北アイルランド独立を求め破壊活動を行う武装集団）の活動に従事しているからとして、全面的失権を主張したのに対し、欧州人権裁判所は、ローレスが条約に定められた権利および自由に反する行為を正当化したり、それを達成するために条約を利用しているのではなく、条約五条、六条によって保障されている保護が奪われたことを訴えたのであり、アイルランド政府の全面的失権の抗弁を斥けたことに注目しておきたい。

一般の福祉・非常時の権利制限

社会権の場合は、権利のもつ社会的性質から、民主社会の一般の福祉の増進を目的としている場合に限ってではあるが、法律の定める制限に服する。

自由権の場合は、これに対して、すでに緊急事態に触れた折に述べたように、「国民の生存（the life of the nation）を脅かす公の緊急事態の場合で」あって、「その緊急事態が公式に宣言されているときは」「その事態の緊急性が必要とする限度で、規約上の義務を免れる措置はとることができる」（自由権規約四条一項）。つまり、国は権利保障の停止権をもっている。この規定はヨーロッパ人権条約第一五条、米州人権条約第二七条とほぼ同様である。

しかし、この効力停止権（right of derogation、米州は right of suspension）によっても、停止できないものとして、次のものがある。

生命権
拷問または残虐な刑罰の禁止
奴隷の禁止
債務不履行による拘禁の禁止

遡及処罰の禁止
法の前における人としての承認
思想、良心、宗教の自由

日本の法律体系には、第二次大戦前と異なり、非常時法の体系はないが、いわゆる有事立法には、緊急事態の際の基本的人権の制約が含まれるので、十分に検討を重ねる必要がある。

国家の義務

国際人権規約は、その第二部第二条で締約国の人権実現義務を定めるが、自由権規約と社会権規約とでは内容が異なる。一言で表現すれば、自由権については即時的実現義務、社会権については漸進的実現義務、を課している。各々二条一項は次のように規定する。

①　自由権規約　「この規約の各締約国は、その領域内にあり、かつ、その管轄下にあるすべての個人に対し、人種、皮膚の色、性、言語、宗教、政治的意見その他の意見、国民的若しくは社会的出身、財産、出生又は他の地位等によるいかなる差別もなしにこの規約において認められる権利を尊重し及び確保することを約束する」。この項における「領域内に

あり、かつその管轄下にある」の語は、条約実施過程で、加重的な条件とはされず、「かつ／または」と解されてきている。

② 社会権規約　「この規約の各締約国は、立法措置その他のすべての適当な方法によりこの規約において認められている権利の完全な実現を漸進的に達成するため、自国における利用可能な手段を最大限に用いることにより、個々に又は国際的な援助及び協力を通じて、行動をとることを約束する」。このように、社会権に対して締約国が負う義務は漸進的実現義務ではあるが、しかし、その第二項は、自由権規約同様の文言で、「人種」等による差別を禁止しており、締約国は、当事国になった段階で、社会保障等、国民にのみ保障されている権利がある場合、国民でない者に対して同様の保障を実現するのは、国の漸進的義務というのではなく、即時的義務である。これに応じて、日本政府は、批准後いくつかの点で、いわゆる国籍条項を変更し、永住者を国民に準じて取り扱うことにし、一九八〇年四月一日から実施された。たとえば、日本住宅公団の住宅等につき譲受、または賃貸資格を永住者に認め、住宅金融公庫貸付申込資格等についても、公営住宅の申込資格についても同様の扱いとし、さらに、スポーツ振興法による国民体育大会の出場資格を、高校生に限り外国人にも開放した。

一　自由権規約

自由権規約の掲げる人権リストは必ずしも系統的ではない。自由権規約委員会が「人間の至高の権利」であり、「すべての人権の基礎である」と位置付ける生命権を核心に据え、その後の発展等を考慮し、これらを「包括的基本権」と捉え、憲法学との架橋に便宜な伝統的な憲法上の分類に従って自由権規約の定める人権を以下で述べるように分類した。

なお、自由権規約の実体規定の二分の一は、人身の自由に関する規定で占められ、また、自由権規約と同根のヨーロッパ人権条約では、実に三分の二に達する。それは、第二次大戦前および戦中に、表現の自由や人身の自由がいかに多く踏みにじられたかを反省し、新しい第二次大戦後の世界では二度とそうしたことの起こらないように、念入りに自由権が規定されたからであった。人類の歴史の中で現代ほど国家権力が強大になったことはなく、それだけに自由権のもつ重要性は強まっていることを指摘しておきたい。

(一) 包括的人権

生命権

自由権規約は、実体規定の冒頭で、まず、すべての人間の生命に対する権利を保障する（六条一項）。国家による生命の剝奪である死刑の廃止については諸国の意見は分かれ、死刑存置国に関連して、死刑判決の条件、一八歳未満の者と妊娠中の女子に対する死刑執行の禁止等を規定し、これらのことを死刑廃止を遅らせたり、妨げる理由として援用してはならないことが確認された。

死刑廃止に関しては、一九八九年の自由権規約第二選択議定書として死刑廃止条約が採択された（一九九一年発効、日本未加盟）。

また、ヨーロッパ人権条約も、まず生命権を保障しているが、但し書きで、「不法な暴力から人を守るため」、「合法的な逮捕や逃亡防止のため」、「暴動、反乱鎮圧のため」に絶対的に必要な力の行使の結果であるときは、条約違反とされない。この点では、自由権規約も「恣意的に」生命を奪われない、と規定しており、国家権力による生命剝奪の合法性、合理性を検証することとなるので、ほぼ同じ結果となっている。この点では、しかし、公権力の行使は抑制的でなければならないことを示している。

米州人権条約も、自由権規約とほぼ同じような規定となっている。規定上異なるのは、権利享有の始期について、米州では「一般的に受胎のときから」としていることである。もっとも、この点で争われるのは、通常妊娠八週未満の胎芽（embryo）ではなく、妊娠九週以降の胎児（foetus, fetus）であることから、各条約とも同じである。

なお、福島原子力災害に関連して、自由権規約委員会は、「福島において締約国によって被ばくレベルが高く設定されていること、およびいくつかの避難区域の解除の決定により人々を高度に汚染された地域に戻らざるを得なくしている状況を懸念し」締約国が「原子力災害によって影響を受けた人々の生命を保護するための全ての必要な措置をと」ることを勧告している。

個人の権利

生命権は、これまで国家による生命の剝奪からの自由を中心に考えられてきた。しかし、今日では、さらに、よりよい環境の中での生活、自己の生き方の決定から、自己の身体の処分、リプロダクション、さらには安楽死・脳死等、家族の形成・維持も含め、ライフスタイルの自己決定権までも含むものと社会の意識が変化してきている。

自由権規約は、個人の私的生活保護のため、プライバシー、家庭、住居、通信および信用の尊重を保障し、これらに対する恣意的な、または不法な干渉・攻撃から「法律の保護を受ける権利」を保障している。とくに今日のような情報社会では個人情報保護が大きな問題となる。当然のことながら、すべての人はすべての場所において人として承認される。
なお、少数者に属する者については、少数者の文化、宗教、言語等に対する権利が認められ、家族については、これが「社会の基礎的な単位」として、国・社会から保護を受けること、婚姻年齢にある男女の婚姻・家族形成権が認められ、婚姻が当事者の合意によってのみ成立することが規定されている。次の世代を担う子どもについては、必要とされる保護措置を受ける権利等が定められている。

法の前の平等　自由権規約第二条、三条は、この条約の定める権利のみについて平等保障を定める、いわゆる従属規範であるのに対し、第二六条の規定は、自由権規約の保障する権利のみならず、社会権規約の保障する権利の分野においても、国内法規制が及ぶ限り、機能し、国内裁判で本条を援用することができる。

(二)　精神活動の自由

思想、良心および宗教の自由　自由権規約第一八条に特徴的なことは、一九五二年のヨーロッパ人権条約第一追加議書の教育を受ける権利の一環として「両親が自己の宗教および哲学的信念に適合する教育および教授を確保する権利の尊重」が謳《うた》われているのに比肩《ひけん》しうる規定を置き、「父母または法定保護者が自己の信念に従って児童の宗教的および道徳的教育を確保する自由を有すること」を定めていることである。ヨーロッパ人権条約では、「宗教的信念」は「民主的社会」において尊重するに値し、人間の尊厳と相容れなくはない意味とされている。

意見および表現の自由　但し、戦争・憎悪の唱導の禁止　すべての人は、干渉されることなく意見をもつ権利をもち、口頭、手書きもしくは印刷、芸術の形態または自ら選択する他の方法により、国境とのかかわりなく、あらゆる種類の情報・考えを求め、受け、および伝える自由を含む表現の自由をもっている。この自由は、公権力からの干渉のみならず、私人のそれからも保護される。

なお、同様な規定をもつヨーロッパ人権裁判所には、サリドマイド禍に関連する新聞記事が、司法に悪影響を及ぼすとして差し止められたサンデータイムズ事件があり、この公権による介入が「法律の定めによる」ところによっているか、とくにその制約が「民主社会にとって必要であるか」が問われ、英国政府が敗訴した事件がある。

この自由は、「あらゆる種類の情報・考えを求め、受け、および伝える自由」なかでも積極的に「情報を求める自由」と併せ考えると、取材の自由の強力なバックアップとなる。

この点で、取材の自由を制約することとなる特定秘密保護法について一言触れておこう。同法は、日本の安全保障に関する事項のうち、特に秘匿を要するものにつき行政機関が指定し、特定秘密を取り扱うこととなる職員等に対しては、秘密を漏洩するおそれがないかについて、適正評価を実施する。同法別表によると、指定は、防衛に関する事項、外交に関する事項、特定有害活動の防止に関する事項、テロリズムの防止に関する事項の四分野が挙げられている。これらの情報は、「国及び国民の安全に係る」ものであり、それだけにわれわれ国民一人一人がしっかりと考え、対応しなければならず、情報の開示こそが必要であり、「知る権利」につながる取材の自由が保障されるべきである。また、公益のために通報する、いわゆる公益通報者保護法の規定との整合性にも心を配らなければならない。なお、いわゆる「共謀罪」法の対象とする犯罪は二七七にも上り、プライバシーを不当に侵害する恐れがあることや、プライバシー権の保護と救済等、多くの論点が残されている。

集会・結社の自由

すべての人は集会・結社の権利をもっている。この権利の行使にあたっては、軍隊、警察の構成員については合法的な制限を課すことが認められており、日本は、ＩＬＯの結社の自由・団結権保護条約の場合と同様に、「警察」

の中に日本の「消防職員が含まれると解釈するものである」とする、いわゆる解釈宣言を行っている。

居住、移動および出国の自由、外国人の追放の制限

すべての人に居住、移動、出国の自由が認められている。ただし、伝統的な国際法は、納税義務違反や犯罪防止のため、または戦時における敵国人の出国の禁止を認めてきた。

合法的に滞在する外国人については、法律にもとづく決定によってのみ追放することができる。もっとも、現在は人の往来が激しくなり、国際協力が多くの場面で要請されるようになり、国際捜査の観点から、一定の人権に配慮された犯罪人引渡手続きに代えて、簡易な退去強制処分や在留期間更新不許可処分が行われ、人権保障の点で問題があると言わなければならない。

㈢　人身の自由・刑事裁判手続の保障

奴隷・強制労働の禁止、民事上の債務不履行による拘禁の禁止

現代的な問題として、いわゆる債務奴隷も禁止されているが、債務奴隷の問題は、貧困が広がっている格差社会にあって、きわめて巧妙な形で秘かに進んでいることに留意しなければならない。

拷問または残虐な、品位を傷つける取扱・刑罰の禁止と人体実験の禁止

拷問禁止は、拷問によって人間の肉体的、精神的一体性がずたずたにされてきた歴史を踏まえている。拷問には身体的なものも精神的なものも含まれる。日本の憲法も、拷問による自白の証拠能力を否定し、取り調べの可視化も実現してきている。「品位を傷つける取扱いや刑罰の禁止」については、拘置所内での処遇等が争われ、「人間の尊厳」を侵し、「侮辱と品格下落」が一定程度に達しているかどうかが問われた。

人体実験の禁止では第二次世界大戦中の事件が念頭に置かれていたが、戦後にも医薬開発のための治験の現場で、事実隠蔽のほか、とくに人種差別とも絡む問題があったことが指摘されていた。

身体の自由、安全と法定手続の保障・人身保護手続

すべての人は、身体の自由と安全に対する権利を保障されており、何人も恣意的に逮捕・抑留されることはなく、法律で定める理由・手続きによらない限り自由を奪われることはない。逮捕される者は、逮捕の時にその逮捕の理由を告げられ、自己に対する被疑事実を速やかに告げられる。

刑事上の罪に問われて逮捕・抑留された者は、裁判官または司法権を行使することが法律によって認められている他の官憲の面前に速やかに連れて行かれるものとし、妥当な期間内に裁判を受ける権利、または釈放される権利を有する。裁判に付される者の抑留を原則としてはならないが、釈放には裁判その他のすべての司法手続き段階における出頭および必要な場合の判決執行のための出頭の保証を条件とすることができることとされている。

逮捕・抑留によって自由を奪われた者は、その抑留が合法的であるかどうかを遅滞なく裁判所が決定すること、および、抑留が合法的でない場合には釈放を命じることができるように、裁判所において手続きをとる権利を有する。

違法に逮捕・抑留された者は賠償を受けることができる、とされている。

被告人の人道的扱い

自由を奪われたすべての者は、人道的にかつ人間の固有の尊厳を尊重して取り扱われる。被告人は、例外的な事情を除き、有罪判決を受けた者とは分離され、有罪判決を受けていない者としての地位に相応しい別個の取り扱いを受け、少年被告人は、成人とは分離され、できる限り速やかに裁判に付される。

行刑の制度は、被拘禁者の矯正と社会復帰を目的とする処遇を含む。少年犯罪者は、成人と分離し、その年齢・地位に相応しい取り扱いを受けるものとされている。

公正な裁判を受ける権利

すべての人は、自己の刑事上の罪の決定、民事上の権利義務の争いの決定のために、法律によって設置された、権限のある、独立した、かつ、公正・公平な裁判所による公開審理を受ける権利をもつ。

現在の日本には特別裁判所はないが、かつてハンセン病患者に対する法廷を通常とは別の場所で開いたりした経験をもっており、特定秘密保護法で何が秘密であるか分からない状態で、「国の安全」を理由とされることのないように見守る必要がある。

刑事上の罪を問われているすべての人は、有罪とされるまでは無罪と推定される権利をもち、また、刑事上の罪の決定については、少なくとも次の七つの権利をもつ。

①　理解する言語で、速やかにかつ詳細に、その罪の性質と理由を告げられること

②　防御の準備のための十分な時間と便宜を与えられ、自己の選任する弁護人と連絡すること

③　不当に遅延することなく裁判を受けること

④　自ら出席して裁判を受け、直接または自己の選任する弁護人を通じて防御すること、弁護人がいない場合には弁護人をもつ権利を告げられること、そして、司法の利益のために必要だが、十分な支払い手段をもたない場合には、費用負担をすることなく弁護人を付されること

⑤　自己に不利な証人を尋問し、または尋問させること、自己に不利な証人と同じ条件で

自己のための証人の出席と尋問を求めること

⑥　裁判所で使用する言語を理解し、または話すことができない場合には無料の通訳の援助を受けること

⑦　自己に不利益な供述または有罪の自白を強要されないこと。

少年の場合には、その年齢と更生に考慮した手続きとすること、また、有罪判決を受けたすべての人は上級審による再審の権利をもち、さらに、確定判決によって有罪と決定された場合には、その後に新たな事実や新たな発見により誤審のあったことが決定的に立証されたことを理由としてその決定が破棄され、または赦免が行われたときは、その有罪の判決の結果刑に服した人は、法律にもとづいて補償を受ける。

何人も、それぞれの国の法律、刑事手続きに従って既に確定的に有罪または無罪の判決を受けた行為について、再び裁判され、処罰されることはない。

遡及処罰の禁止　自由権規約第一五条一項は一文で Nullum crimen sine lege（法なくして犯罪なし）、二項で Nulla poena sine lege（法なくして刑罰なし）のいわゆる罪刑法定主義を定めている。この例外として、しかし、第一に、犯罪実行後に軽い刑による処罰が法定される場合にはその利益を受けることとされ、また、第二に、遡及処罰の禁

止にもかかわらず、犯行時に国際法上犯罪とされていた行為についての処罰は例外とされた。後者は、第一回国連総会で満場一致で確認されたニュールンベルク憲章・判決において認められた国際法原則に関するものである。

(四)　参政権

すべての市民（every citizen）は、いかなる差別もなく、不合理な制限もなく、次のことを行う権利と機会を有する、とされている。

第一に、直接に、または、自由に選んだ代表を通じて政治に参与すること（take part in the conduct of public affairs）、

第二に、普通平等選挙に基づき秘密投票により行われ、選挙人の意思の自由な表明を保障する真正な定期的な選挙において投票し、選挙されること、

第三に、一般的な平等条件の下自国の公務に携わること（to have access to public service in his country）。

自由権規約は誰を「市民」とするかは定めていない。しかし、自由権規約委員会は、一般的意見の中で、締約国に対して、永住者などに地方選挙権を付与しているか、公職に就くこ

とを認めているか等を示すべきである、としている。また、「政治への参与」というコンセプトが、政治権力、とくに立法、執行、行政権力の行使に係る広いものであり、すべての面の公行政をカバーし、内外のすべての政策形成・実施にわたる、と考えている。

二　社会権規約

(一)　生存権

社会保障　すべての者が社会保険その他の社会保障についての権利をもつことを締約国は認めている。失業保険とか年金給付等が問題であり、何より、すでに触れた国籍条項の緩和・撤廃が課題である。

十分な生活水準と食糧の確保　第一に、個人および家族のために「食料、衣類および住居」を内容とする「適切な生活水準」「不断の改善」を受ける権利を定めた。世界の喫緊の課題は「適切な水」の確保であり、この内容が「生活水準」の中に暗黙に含まれていることについて広く受けいれられている。そして、「適切性」

については、食料の利用可能性と食料へのアクセス可能性が持続可能性をもっているかどうかが重要である。

第二に、飢餓からの自由が規定されている。ここでは、食糧輸入国・食糧輸出国双方に考慮を払い、需要との関連において世界の食料供給の衡平な分配を確保するために必要な措置をとることとされている。

心身の健康　すべての人は到達可能な最高水準の健康を享受する権利をもつ。そのための措置として、国は特に次のものをとる。①死産率・幼児死亡率の低下、児童の健全な発育のための対策、②環境衛生・産業衛生のあらゆる状態の改善、③伝染病・風土病・職業病その他の疾病の予防・治療・抑圧、④病気の場合にすべての者に医療・看護を確保する条件の創出。

家庭、母性、児童・年少者の保護　これらは第一〇条で規定するが、今日では、女性差別撤廃条約、子どもの権利条約、障碍者権利条約でも規定されるに至った。

(二) 労働権

労働の権利

先ず、労働の権利、次に、労働基本権の保障、そして、公正かつ良好な労働条件について定める。労働の権利は、自由に選択し、承諾する労働によって生計を立てる機会を得る権利が含まれる。日本は、ＩＬＯ条約の基本的な条約のうち、強制労働廃止の一〇五号条約、差別待遇禁止の一一一号条約には未だ入っていない。

二〇一三年四月に施行された改正労働契約法により、パート、アルバイト、契約社員、嘱託などの有期契約が通算五年を超えた場合、無期契約に転換できるとされ、不合理な労働条件が禁止された。無期労働への転換権は二〇一八年度から始まったので、有期契約者が不当に更新されないのを防ぐことが要請される。

労働基本権（団結権、争議権）

団結権は、軍隊・警察の構成員および「公務員」には合法的な制限が認められている。さらに、日本は「消防職員」が「警察の構成員」の中に含まれていると解釈宣言をしている。なお、「公務員」と訳されている英語およびフランス語正文は、どちらかと言えば、管理職にある公務員を指し、すべての公務員を対象とするとは思われない。

公正かつ良好な労働条件

公正かつ良好な労働条件として、以下の条件を国は確保する。先ず、すべての労働者が、最小限、次の二つを満たす報酬を受ける。第一に、公正な賃金および同一労働同一報酬、とくに女子には男子が享有する労働条件に劣らない条件の保障、第二に、この規約に適合する、自己および家族の相応な生活を与える報酬。

次に、安全かつ健康的な作業条件、

さらに、先任および能力以外の考慮なく昇進する均等の機会、

そして、休息、休暇、労働時間の合理的な制限および定期的な有給休暇ならびに公の休日についての報酬、である。

「公の休日についての報酬」については、日本の場合、多くの中小企業がいわゆる日給月給制であったことに考慮し、留保した。

㈢　教育・文化権

教育権

すべての人が教育を受ける権利をもっている。教育の目的として、人格の完成と人格の尊厳についての意識の十分な発達を指向すること、人権と基本的自由の尊

重を強化すべきこと、さらに、教育がすべての人が自由な社会に効果的に参加し、諸国民間と、人種的、種族的、宗教的集団間の理解・寛容・友好を促進すること、ならびに、教育が平和の維持のための国連活動の助長を可能にすること、を挙げている。

この教育目的達成のため、初等教育の無償化義務を課し、中等教育と高等教育の漸進的無償化等を定めた。日本は二〇一〇年、いわゆる高校無償化法を制定し、国公立高校の授業料不徴収、私立高校への授業料と同等の金額の支援金の補助を定めた。「各種学校となっている外国人学校のうち高等学校の課程に類する課程を置くもの」も対象としているが、朝鮮学校は外されており、問題は残っている（二〇一三年に朝鮮学校を対象外とした政府の処分は違法であるとして広島朝鮮初中学校の運営法人と元生徒一〇九人が訴えた事件の上告に対して、最高裁第三小法廷は、国の主張を認め「対象外とした判断に裁量の逸脱はない」とした。二〇二一年七月二七日付。同種訴訟は、二〇一三年以降、広島を含め計五地裁・支部に係属したが、いずれも敗訴が確定した。『朝日』『神戸』二〇二一年七月三〇日朝刊）。

文化・科学の恩恵を受ける権利

すべての人は、文化的な生活に参加する権利、科学の進歩とその利用による利益を享受する権利、自己の科学的、文学的および芸術的作品より生じる精神的・物質的利益の保護を享受する権利をもっている。とくに障碍《がい》者の権利については後に触れる。

三　人種差別撤廃条約

(一)　成立の経緯

人種差別撤廃条約は、一九六三年の人種差別撤廃国連宣言を条約化し、一九六五年一二月に国連総会で採択された。きわめて異例の速さで採択されたのには、二つの理由があった。一つには、一九五九年から六〇年にかけて、ナチズムの象徴であったハーケン＝クロイツ（鈎十字）を書き立てたり、反ユダヤ主義を煽《あお》るような事件がヨーロッパで続発したこと、他方で、六〇年三月二一日に、南アフリカのシャーペヴィルで開催されたアパルトヘイト（人種隔離政策）反対の平和的集会に南ア政府が強権で臨み、流血の惨事が発生したことである（この日を記念して、国際人種差別撤廃デーとされた）。

(二) 人権保障の原則

人種差別は次のように定義される（一条一項）。

「人種、皮膚の色、世系（descent）または民族的もしくは種族的出身に基づくあらゆる区別（distinction）、排除（exclusion）、制限（restriction）または優先（preference）であって、政治的、経済的、社会的、文化的その他のあらゆる公的生活の分野における平等の立場での人権および基本的自由を認識し、享有しまたは行使することを妨げまたは害する目的または効果を有するもの」。

ただし、この定義には三つの条件が付されている。第一は、「市民と市民でないものとの間の区別等には適用されず、第二に、「国籍、市民権または帰化に関する締約国の法規」には、同法規が特定の民族（nationality）に対する差別を設けていない限り、何らの影響も及ぼさない。第三に、人権・基本的自由の平等な享有・行使を確保するため、保護を必要としている特定の人種・種族集団または個人の適切な進歩を確保することのみを目的として、必要に応じてとられる特別措置は。その結果として異なる人種集団に対して別個の権利を維持することとならず、また、その目的達成後には継続しない限り、人種差別とは見なされないこと、である。

さて、日本国憲法も、法の下の平等を定め、すべて国民は「人種、信条、性別、社会的身分または門地により、政治的、経済的又は社会的関係において差別されない」と定める。多くの憲法学者は、「人種」による差別について、人間の生物学的特徴を基本とする差別と捉えているが、人種差別撤廃条約に言う「人種差別」は、人種や皮膚の色といった人間の生物学的特徴を基本に置きつつも、「世系」(descent)をも差別理由として取り上げることによって一般的な差別にまで目を向けさせ、差別一般の撲滅を狙ったものであり、その意味で、人種差別撤廃条約は、性差別と宗教による差別を除く差別防止の一般法となっている。

ところで、日本の部落差別やインドのカースト差別は、条約に言う「人種差別」に当たるのかどうか。これには「「descent」(政府公定訳「世系」)の解釈が問題になる。インドはさておき、日本について触れておこう。結論を先に言えば、国会審議の状況からは、明確な答えは出てこない。

人種差別撤廃条約の批准承認案件は、一九九五(平成七)年当時の社会党党首を首班とする社会党・自民党の連立内閣によって国会に提出された。与党の人種と差別問題に関するプロジェクトチームは、条約対象に部落問題が含まれると主張し、外務省は部落問題のような社会的出身に基づく差別までを含むものではないと主張。最終的には、臨時国会で批准案件を処理すること、同条に部落問題が含まれるかどうかについては言及しないこと等が了承され、国会において、政府委員が「この条約は、社会通念上いわゆる生物学的特徴を共有するとされている人々の集団であるところの人種及び社会通念上文化的諸特徴を共有するとされている人々の集団である民族、種族、こうしたことに基づく差別を対象とするものでございまして、例えば社会的出身に基づく差別は条約の対象とされていないと解釈しております」と答弁し、当時の外務大臣はこれを踏襲した。

これとは別に、国会議員から提出された質問主意書に対する内閣総理大臣からの答弁書において、「この「descent」の語は人種、民族の観点からみた系統を表するものと解釈しているところである」とされた（内閣衆質一三四第八号、平成七年一一月二四日）（詳細は芹田前掲『国際人権法』参照）。

いずれにしても、政府は、「いかなる差別もない社会を実現すべく誠実に努力してまいりたい」と答弁している。

(三)　保障の内容

人種差別撤廃条約は、三部二五条から構成され、第一部第一条（定義）、第二条から第七条までが人権の実体規定、第二部第八条から一九条までは国際的履行確保措置を定め、人種差別撤廃委員会の設立を規定。第三部第一七条から二九条までが雑則を定める。

人種差別の禁止　先ず、国家の関与する差別を禁止し、次いで、私人間で行われる人種差別を禁止する義務を締約国は負っている（二条一項）。次に、締約国は、積極的差別是正措置を、状況が許される場合には、特定の人種またはこれに属する個人に対して、とることとされている（同二項）。

人種差別の助長・扇動の禁止　さらに、人種差別の助長・扇動を禁止している（四条）。なお、自由権規約は「差別、敵意又は暴力の扇動となる国民的、人種的又は宗教的憎悪の唱道は、法律で禁止する」と定めてり、日本の自由権規約委員会に対する二〇一四年の報告書に対する最終所見で、ヘイトスピーチおよび人種差別について、次のような懸念を表明した。

「委員会は、韓国人・朝鮮人、中国人、部落民といったマイノリティ集団のメンバーに対する憎悪や差別を煽り立てている人種差別言動の広がり、そして、こうした行為に刑法及び民法上の十分な保護措置が取られていないことについて懸念を表明する。委員会は、当局の許可を受けている過激派デモの数の多さや、外国人生徒を含むマイノリティに対して行われる嫌がらせや暴力、そして、「Japanese only」などの張り紙が民間施設に公然と掲示されていることについても懸念を表明する。」

そして、「締約国は、差別、敵意、暴力を煽り立てる人種的優位性や憎悪を唱道する全てのプロパガンダを禁止すべきである」こと等を勧告した。

また、人種差別撤廃委員会も、同じく二〇一四年八月二八日に採択した最終所見で次のような懸念の表明と勧告を行った。

「人種差別の行為及び事件が締約国において発生し続けており、また締約国が、被害者が人種差別に対する適切な法的救済を追及することを可能にする、人種差別の禁止に関する特別かつ包括的な法を未だに制定していないことを懸念」し、「締約国に対して……人種差別の被害者が法的救済を追及することを可能にする、直接的及び間接的双方において人種差別を禁止する特別かつ包括的な法を採択することを促す。」

英国は一九七六年人種関係法、フランスは一九七二年人種差別禁止法をもっている。日本は、二〇一六年にいわゆるヘイトスピーチ解消法を制定した。この法律は、「本邦外出身者に対する差別的言動」を「専ら本邦の域外にある国若しくは地域の出身者である者又はその子孫であって適法に居住する者（以下この条において「本邦外出身者」という。）に対する差別的意識を助長し又は誘発する目的で公然とその生命、身体、自由、名誉若しくは財産に危害を加える旨を告知し又は本邦外出身者を地域社会から排除することを扇動する不当な差別的言動をいう」と定義し、「本邦外出身者に対する不当な差別的言動のない社会の実現に寄与するよう務めなければならない」（同法三条）。国・地方公共団体に対して努力義務を課しているが、とくに罰則はない。この法律が、はたして、自由権規約、人種差別撤廃条約の要請に応えるものとなっているのか。この法律を採択した衆参の法務委員会は、「本邦外出身者に対する不当な差別的言動」以外のものであれば、いかなる差別的言動であっても許されるとの理解は誤りであり、本法の趣旨、日本国憲法及びあらゆる形態の人種差別撤廃に関する国際条約の精神に鑑み、適切に対処すること」とする付帯決議を付した。

この付帯決議からも分かるように、ヘイトスピーチ解消法は、不当な差別的言動の対象者を「本邦外出身者」に限ったことにより、自由権規約や人種差別撤廃条約の要請にこたえきれてはいない。しかし、在日韓国・朝鮮人集住地域を抱える地方自治体にとっては大きなバックアップとなる（例えば、川崎市や大阪市の取り組みにつき、芹田前掲『国際人権法』参照）。

権利の平等保障

先ず保障されるのは、法の前の平等である。

次に、とくにいくつかの市民的権利および経済的、社会的、文化的権利が保障されているが、いずれも基本的には国際人権規約によって保障されている。もっとも、輸送機関、ホテル、飲食店、喫茶店、劇場、公園等一般公衆の使用を目的としたあらゆる場所またはサービスを利用する権利、というように、きわめて具体的である。

これらは、一九六四年米国公民権法制定までの黒人や、一九九四年にマンデラ政権登場までのアパルトヘイト時代の南アの有色人種が置かれていた状況を反映していることを、われわれに教えてくれる。しかしこれが単なる過去でないことも肝に銘じておかなければならない。

犠牲者の救済

締約国は、「自国の管轄下にあるすべての者に対して」次のことを約束している。

第一に、権限のある自国の裁判所その他の国家機関を通じた、条約違反の人種差別行為に対する効果的保護と救済措置を確保すること。

第二に、そうした差別の結果として被ったあらゆる損害に対して、公正かつ適正な賠償または救済を裁判所に求める権利を確保すること。

四　女性差別撤廃条約——女性の権利——

(一)　成立の経緯

女性差別撤廃条約は、今では女性の権利伸張・法的権利保障の要となっている。この条約は、一九六七年に国連総会が採択した女子差別撤廃宣言から生まれたものであり、一九七九年一二月一八日に国連総会で採択された。この条約も、先ず宣言が採択され、次に条約化されるという宣言—条約のパターンの条約の一つである。この条約には、自由権規約に倣って、本条約に保障する権利侵害の被害者であると主張する個人からの通報を女性差別撤廃委員会が受理し審査する権限を認める選択議定書（一九九九年一〇月六日国連総会採択、二〇〇〇年一二月二二日発効。日本未加入）が付されている。なお、一九九三年一二月二〇日には、国連総会が女性に対する暴力撤廃宣言を採択した。

女性差別撤廃宣言は、人権委員会（現人権理事会）とともに、経済社会理事会の機能委員会として一九四六年に設けられた女性（婦人）の地位委員会（Commission on the Status of Women）によって作成された。女性の地位委員会の最初の委員一五名はすべて女性で、国際連合が連合国によって創設されたこともあり、オーストラリア、白ロシア（現ベラルーシ）、中華民国、コスタリカ、デンマーク、フランス、グアテマラ、インド、メキシコ、シリア、トルコ、ソ連（現ロシア）、英国、米国、ヴェネズエラの代表であった。そのことからも分かるとおり、当初、国際連盟時代からの諸課題であった女性参政権条約（一九五三年）、既婚女性の国籍に関する条約（一九五七年）、婚姻の同意・最低年齢・登録に関する条約（一九六二年）の作成に尽力し、世界人権宣言採択にあたっては、manが人間一般の同義語として使用されるのを止めさせ、この語を男のみの意で使用させるべく奮闘した（二〇一六年の会期の地理的配分は、アフリカ一三、アジア一一、ラテンアメリカ・カリブ九、西欧その他八、東欧四の合計四五である）。

ところが、一九六〇年代に四〇余国もの植民地が独立を達成し、事情が変わる。いわゆる南北問題、途上国の開発が大問題となり、婦人の地位委員会は、「開発における女性の参加の促進」を図る。これがＷＩＤ（Women in Development「開発と女性」、さらに八〇年代には「ジェンダーと開発」（Gendar and Development, GAD）となった）である。一九六三年から女性差別撤廃宣言の起草を扱い、一九七五年を国際女性年（International Women's Year）と定め、第一回女性世界会議がメキシコシティで開かれた。一九七六年からの一〇年は、国連女性の一〇年とされ、この間に女性差別撤廃条約が採択され、婦人の地位委員会強化のために、女性向上のための国際調査・研修所（ＩＮＳＴＲＡＷ）が設けられ、八四年には国連女性基金（ＵＮＩＦＥＭ）も設立された。

一九八〇年七月、コペンハーゲンにおいて第二回会議が開催され、日本はこの折に、女性差別撤廃条約に調印した。そして、一九八五年六月に日本は国会の承認を受けて同条約を批准し、七月二五日に日本につき発効した。この年、ナイロビで女性の一〇年の成果を見直し評価する第三回世界女性会議が開かれた。

その後冷戦が終わり、九三年に女性に対する暴力撤廃宣言が採択され、九五年に北京で女性世界会議が開かれた。この会議は、冷戦が終了したことにともない、東西対立という政治問題を離れ、初めて人権問題が語られた会議であった。北京会議後の一〇年には、前述の選択議定書が採択され、ジェンダーがメインストリーム化した。日本は、こうした国際社会の情勢を受け、「憲法に個人の尊重と法の下の平等がうたわれ、男女平等の実現に向けた様々な取組が、国際社会における取組とも連動しつつ、着実に進められてきたが、なお一層の努力が必要とされている」として、一九九九年六月「男女共同参画社会基本法（平成一一年法律七八号）を制定した。国際社会では、また、武力紛争時の女性の諸問題――女性と平和・安全保障――が扱われるようになり、二〇〇〇年一〇月三一日の安保理決議一三二五（二〇〇〇）が採択されるに至った。

(二)　保障の内容

女性差別

女性差別撤廃条約は第一条で「女性差別」を次のように定義する。「性に基づく区別、排除又は制限であって、政治的、経済的、社会的、文化的、市民的その他のいかなる分野においても、女子（婚姻しているかいないかを問わない）が男女の平等を基礎として人権及び基本的自由を認識し、享有し又は行使することを害し又は無効にする効果又は目的を有するもの」をいう。

この規定を人種差別撤廃条約と比較すると、「優先（preference）」が挙げられていない。審議過程からは、まず、歴史的に女性が男性に比し不利な状況に置かれてきたので、その状況を除去することと、したがって、女性解放運動が獲得してきた保護・特権・恩恵を現段階では女性から奪うべきではないこととに配慮された。このことは、さらに、第四条で差別とならない暫定的特別措置の規定が置かれていることと整合的である。

第二に、区別、排除、制限は「いかなる分野」のものも対象となり、人種差別撤廃条約が「公的生活」分野に限っていることと対照的であり、家族という「私的生活」分野で行われる差別にまで及ぶ可能性を示している。

第三に、「男女平等を基礎とする」「人権及び自由」とは、女性差別撤廃条約が採択された当時の人権・基本的自由に限らず、国際社会が条約や宣言・決議等によって創り上げてきている国際人権法の全容が考慮されることを示している。

こうして、最後に、性に基づく区別、排除、制限がこれらの人権・自由の認識、享有、行使を妨げる目的・効果をもつときに、差別となる。

なお、日本は、一九八五年に女性差別撤廃条約を批准するにあたり、国内法整備の観点から、国籍法の改正と新たな雇用平等立法が必要とされ、父系血統優先主義をとっていた国籍法は改正され、父母両系血統平等主義に変更した。

他方、雇用差別については、労働基準法が賃金差別を禁じていたのみで、判例の積み上げ〈たとえば結婚退職制を否定した住友セメント事件〈東京地判昭和四一年一二月二〇日〉や五歳差の男女別定年制を無効とした日産自動車事件〈最三小判昭和五六年三月二四日民集三五巻二号〉〉があったものの、既存の勤労婦人福祉法を改正し、雇用の分野における男女の均等な機会及び待遇の確保等女子労働者の福祉の増進に関する法律（男女雇用機会均等法）を定めた。その後、一九九七年改正、二〇〇六年改正を経て、男女共同参画社会基本法（平一一・六・二三法律七八）を制定した。男女雇用機会均等法は、二回の改正を経て、当初の女子労働者の福祉の増進という位置づけから、二〇〇六年の改正によって、性差別禁止立法へと変身した（平成一八年法律八二号による一部改正により、従前から厚生労働省令によって間接差別〔労働者の身長・体重・体力を要件としたり、転居をともなう転勤を要件としたり、昇進にあたり転勤経験を要件とする〕が禁止されていたところ、これを強化し、さらに、女性差別のみを扱っていたところ、男女双方に適用することにより男性差別も扱うこととなった）。

なお、障碍をもつ女性が受けている複合的差別については、特に、後述の障碍をもつ人の権利に関する条約（障碍者権利条約）第六条が指摘している。

女性に対する暴力

女性差別撤廃条約は女性に対する暴力の禁止等について直接の規定を置いてはいない。しかし、現にある女性に対する暴力は大きな問題であり、女性に対する暴力は女性が第一条の自由・人権の認識、享有、行使を妨げる目的・効果をもつので、差別となる、として、女性差別撤廃委員会は、締約国が女性を暴力から保護するために必要な立法措置を執《と》ることを勧告することから始めた（一般勧告第一九）。

日本の国内問題としては、性的マイノリティの権利、ドメスティック・バイオレンス、セクシュアル・ハラスメント、買売春、ポルノグラフィがあり、さらに、性犯罪については、二〇一七年法改正によって、強姦罪は、強制性交等罪と犯罪名を変更され、その法定刑の下限を懲役三年から五年に引き上げ、また、旧法では強姦罪で起訴するには被害者の告訴を必要とする親告罪とされていたが、非親告罪とされた。

(三)　保障する人権

女性差別撤廃条約は六部構成で、第一部がいわば総論、第二部から第四部が各論（公的生活に関する権利、社会生活に関する権利、私的生活に関する権利）、第五部履行確保措置、第六部雑則である。第一部第一条は前述した通り女性差別の定義である。権利を各条ごとに並べれば以下の通りとなる。

総論

締約国の差別撤廃義務（二条）
女性の能力開発と向上（三条）
暫定的な特別措置（四条）
定型化された役割分担の改革（五条）

女性の売春・売買からの搾取の禁止（六条）

公的生活に関する権利

政治的・公的活動における差別禁止（七条）

国際的活動への平等参加の確保（八条）

国籍に関する権利（九条）

社会生活に関する権利

教育における差別禁止（一〇条）

雇用、社会保障における男女差別の禁止（一一条）

保健分野における差別撤廃（一二条）

経済的、社会的活動における差別撤廃（一三条）

農村女性に対する差別撤廃（一四条）

私的生活に関する権利

法の前の平等（一五条）

婚姻・家族関係における差別撤廃（一六条）

条約第一部は、国家の義務とともに、女性が置かれている現状からみて緊急性の高い五つの原則を総論的に掲げている。

総　論

第一に、国家は、あらゆる女性差別を非難する政策を、すべての適当な手段で、遅滞なく、とることを約束し、具体的に八項目の約束を掲げている。

第二に、あらゆる分野において男性と平等に人権を行使享有するために、女性の完全な発展および向上を確保するあらゆる措置を講じること。

第三に、男女間の法上の平等にとどまらず、事実上の平等を促進するための暫定的特別措置は差別とならないこと、および、母性保護のための特別措置の採用は差別と解されてはならないこと。

第四に、男女の特性論、固定化された役割分担論の克服と家庭についての教育、出産の社会的機能に対する適正な理解と子の養育・教育に対する男女の共同責任の認識を確保すること。

第五に、女性の売買・売春からの搾取の禁止。

公的生活に関する権利

先ず、政治的・公的活動における差別の禁止が謳《うた》われている。女性の参政権獲得は、日本でも諸外国でも、女性運動の長年の目標であった。日本で女性参政権が実現したのは一九四五年であった。本条約により、女性参政権のほか、公職への参加、ＮＧＯや政党等の結社への参加が保障されている。しかし、女性の指導的地位への参画が低調であり、暫定的特別措置が足りないので、「法定のクオーター制などの暫定特別措置をさらに取り入れること」が望まれている。政府の男女共同参画基本計画で設定した二〇三〇年までに指導的地位への女性参画比率を三〇％とするという目標の効果的実施の確保が求められる。

次に、国際的活動への平等参加の確保が謳われている。日本の国内社会はいわば男社会であり、女性の参画を阻む要素が大きいが、国際社会にはそうした障害が比較的少なく、国際社会で活躍する女性は多い。

最後に、国籍に関する男女の平等の権利保障がある。夫婦国籍単一の原則やこの国籍についての父系血統優先主義があったが、夫婦国籍独立主義、父母両系血統平等主義が行われるようになった。

社会生活に関する権利

社会生活に関する権利としては、教育、労働、保健、農村の分野から取り上げられている。

教育における差別禁止として課題であったのは、現在では克服されているが、女児に課されていた学校教育における「家庭科教育」であった。二〇一六年の委員会の最終所見では、学校における進路指導において科学、技術、工学、数学等の分野を目指すことを女子に奨励するとともに、女子が高等教育を修了することの重要性について教員の意識啓発を行うこと、女性教授の増員、少数者女性の教育に対する障害の除去、教育機関におけるいじめ等について懸念が表明され、勧告がなされた。

労働における差別撤廃のために、次の権利の確保にすべての適切な措置をとること。①労働の権利、②同一の雇用機会、③職業選択の自由、昇進・雇用の保障、職業訓練を受ける権利、④同一労働・同一賃金、⑤社会保障・有給休暇を受ける権利、⑥作業条件に係る健康の保護・安全（生殖機能の保護を含む）、である。

日本の現状について女性差別撤廃委員会からは、とくに、男女の賃金格差が拡大しており、その原因の一端が、同一労働同一賃金原則の実施の不十分さにあること、コース別雇用管理制度の下で、水平的・垂直的職務分離と低賃金部門への女性の集中が見られること、女性のパートタイム労働への集中が依然として続き、退職後の貧困を生み出す原因となっていること、また、セクハラ報告が後を絶たないことや、少数者に属する女性労働者に関し、複合的・交差的な差別が根強くあること等に懸念が表明され、性別賃金格差縮小のための二〇一五年の「女性の職業生活における活躍の推進に関する法律」、労働基準法その他関連法にもとづく取り組みの強化、育児への男性参画を奨励する両親共有休暇の導入、十分な保育施設の提供の確保のための取り組みの強化等が喫緊の課題として勧告された。

保健分野においては、国は、家族計画を含む保健サービスの享受の確保のため差別撤廃措置をとると同時に、女子に対する妊娠、分娩、産後のサービスおよび妊娠・授乳中の栄養の確保を約束している。

女子差別撤廃委員会は懸念事項として、「刑法第二一二条と合わせ読まれる母体保護法第一四条の下で、女性が人工妊娠中絶を受けることができるのは妊娠継続又は分娩が母体の身体的健康を著しく害する恐れがある場合及び暴行若しくは脅迫によって又は抵抗若しくは拒絶することができない間に姦淫されて妊娠した場合に限られること」を挙げ、第二に、「女性が人工妊娠中絶を受けるために配偶者の同意を得る必要があること」を挙げ、第三に、女性や女児の自殺率の高さに触れていた。

妊娠中絶に関連して同委員会は女性の意思にのみもとづく、いわば人工妊娠中絶の自由化を根底に置いているように思えるが、この点は問題がないとは言えないであろう。日本の母体保護法は、「身体的理由」のほか「経済的理由」も掲げており、従来も問題とされていた。

日本における人工妊娠中絶件数は、厚労省によると、漸減傾向にあるようであるが、二〇一六年の総数は一六万八千余件で、うち二〇歳未満の件数が一万四六六六件である。

法の前の平等と婚姻・家族関係における差別撤廃を規定している。とくに女性のおかれている現状から、個人の移動ならびに住所および居所の選択の自由に関する法律において、男女同一の権利を与えることを定めている。

私的生活に関する権利

婚姻・家族関係について、先ず、婚姻をする同一の権利、配偶者選択の自由、自由かつ完全な合意のみによる同一の権利、これとの関連で、児童の婚約・婚姻の無効を定め、次いで、婚姻中・婚姻解消の際の同一の権利・責任、特に子について、婚姻しているか否かを問わず、親としての同一の権利、子の数と出産の間隔を自由にかつ責任をもって決定する同一の権利、ならびに、子の後見・養子縁組に係る同一の権利を定め、子に関しては常に「子の利益が至上である」と謳《うた》われている。

夫および妻の権利に関しては、姓および職業選択の権利を含めて同一の個人的権利と財産の所有。取得、運用、管理、利用、処分することに関する配偶者双方の同一の権利を定めている。

女性差別撤廃委員会は、日本の現状、とくに婚姻解消の際の財産分与に関連する懸念、協議離婚制度の下での養育費の支払いについて合意のない場合、子どもが困窮をきわめること等に対する懸念を表明し、財産分与関連の法と手続きを明確にした法律の制定、親権と養育権を規律する法律の見直し、離婚の場合の養育費支払いを通じて経済的安定を満たすとともに、子どもの福祉保障の確保を勧告していた（前掲最終所見）。

五　子どもの権利条約——子どもの権利——

㈠　成立の経緯

子ども（児童）（the child）の権利条約は、一九八九年一一月二〇日に国連総会で採択され、翌九〇年九月二日に効力を発生した（日本につき、一九九四年五月二二日に発効）。今では、二〇〇〇年五月に国連総会で採択された「武力紛争における子どもの関与に関する選択議定書」（子ども兵士禁止条約）（二〇〇二年二月発効、日本につき二〇〇四年九月発効）および「子どもの売買、子ども買春および子どもポルノに関する子どもの権利に関する選択議定書

（子どもポルノ禁止条約）（二〇〇二年一月発効、日本につき二〇〇五年二月発効）とともに、子どもの権利保障の中心となっている。

元来、子どもの権利に関しては、国際連盟の頃から関心が強く、国際連盟は一九二四年に子どもの権利宣言を採択していた。しかし、連盟の子どもの権利宣言は、時代を反映し、子どもを保護の対象と捉えていたと言える。第二次世界大戦後、世界人権宣言起草段階でも、その後の国際人権規約草案審議段階でも、常に子どもの権利保障は論じられてきた。その牽引役は、大戦で子どもに多くの犠牲者を出したポーランドであった。一九五九年には、子どもを権利享有主体とする考え方に立った子どもの権利宣言が採択され、その後、一九七九年の国際子ども年を契機に、ユニセフ、ＷＨＯ、ＩＬＯ、ユネスコなどの協力、さらに多数のＮＧＯの運動と相俟《ま》って、条約化が図られた。

この時期、途上国では、毎年約一千四百万人もの子どもが五歳の誕生日を迎えることなく死亡し、約一億五千万人の子どもが絶対的貧困のもとに喘《あえ》いでいたといわれる。また先進国でも、親による虐待、ホームレス、麻薬、性的搾取、少年犯罪と、子どもを取り巻く状況は決して良好ではなかった。こうした中で子どもの権利条約は採択された。

(二)　保障の内容

子どもの権利条約は三部構成となっており、子どもの権利は第一部に規定されている。第二部第四二条ないし四四条には、権利の履行確保措置として締約国の広報義務と子どもの権利委員会の設立、締約国の報告義務の三カ条の実施措置規定を置き、第三部は雑則である。

子どもの権利規定は、多くの場合、国際人権規約とくに自由権規約の権利規定と比較して読むことができるが、必ずしも体系的ではない。締約国は、条約第四四条に定める報告義務に従い、当該締約国について条約が効力を発生した時から二年以内に第一回報告を、その後は五年毎に、報告書を送付する。

締約国は、その報告を作成するにあたり、子どもの権利委員会の定める指針に従うので、本書も、便宜上、二〇一五年三月に一般配布された、五年毎の定期的報告書の形式と内容に関する指針に従うこととする。次の通りである。

一　子どもの定義（一条）

二　一般原則（二条、三条、六条、一二条）

三　市民的権利および自由（七条、八条、一三ー一七条）

四　子どもに対する暴力（一九条、二四条三項、二八条二項、三四条、三七条a、三九条）
五　家庭環境および代替的な監護（五条、九－一一条、一八条一－二項、二〇条、二一条、二五条、二七条四項）
六　障碍、基礎的な保健および福祉（六条、一八条三項、二三条、二四条、二六条、二七条一－三項、三三条）
七　教育、余暇および文化的活動（二八－三一条）
八　特別な保護措置（二二条、三〇条、三二条、三三条、三五条、三六条、三七条b－d、三八条－四〇条）
九　子どもの売買、子ども買春および子どもポルノに関する選択議定書に対するフォローアップ
一〇　武力紛争における子どもの関与に関する選択議定書に対するフォローアップ

子どもの定義　この条約の適用上、「子ども（児童）（a child）」とは、一八歳未満のすべての者（every human being below the age of eighteen years）」とされている。上限を一八歳とすることについては種々の議論があったが、できるだけ広い範囲の者に

保護を与える趣旨で「一八歳未満」とされた。「いつから」適用があるのかについては争いがある。「出生の時から」なのか、「受胎の時から」なのか、各国の対応は区々である。「胎児」を含むと解する国もあり、「出生後に対してのみ」(only following live birth) と解する国もある（生命権の享有権者について、自由権規約六条および本条約六条、さらに後述の障碍者権利条約一〇条参照）。

この条約は「成年（majority）」について何らの定義もしていないが、日本の場合、二〇一八年民法改正（二〇二二年四月一日施行）で成年を一八歳とするまでは、成年は二〇歳であり、少年法は満二〇歳までを「少年」とし、選挙権は「満一八歳以上」の者に与えられているなど、法目的や社会状況によって差異がある。児童福祉法は、「一八歳に満たない者」を児童と定義し、さらに児童を「満一歳に満たない」乳児、「満一歳から小学校就学の始期に達するまでの」幼児、「小学校就学の始期から満一八歳に達するまでの」少年に区分している。また、婚姻適齢は男一八歳、女一六歳としていたが、一八歳に統一された。

条約自体も、権利享有主体について年齢によって区別している条文を含んでいる。たとえば、第一二条は「自己の意見を形成する能力のある児童に、その児童に影響を及ぼすすべての事項に対して自由に意見を表明する権利」を与えている。この条文は「何歳以上」というような一般的な基準を示しておらず、能力の有無について個々の児童によって測られるべきかのような規定ぶりであるが、多くの国がそれぞれの法目的に従い、おおむね満一五歳を「自己の意見を形成する能力」を有することの基準としていると言えよう。

明確に一五歳という年齢を置いている第三八条は武力紛争下の児童の保護を定めており、第二項で「一五歳未満の者が敵対行動に直接参加しないことを確保し」「軍隊への採用を差し控える」ことに言及している。この規定の内容は、一九七七年に採択された一九四九年ジュネーヴ諸条約の第二追加議定書（日本につき二〇〇五年二月二八日発効）第四条三項cで明確に禁止されているものである。

なお、日本については、一六歳以上の外国人に指紋押捺を義務づけていた旧外国人登録法（一九五二年平和条約発効とともに公布、即日施行、指紋押捺義務は五五年四月施行）の母法は、アメリカ移民法中、登録法関係が一九四〇年外国人法であり、同法により一四歳以上のすべての外国人に指紋押捺が義務づけられていたが、同法は「国家非常時体制における一つの安全弁として連邦議会を通過した戦時立法」であったことを心に銘じておきたい（一九三九年第二次世界大戦勃発。一九五二年朝鮮戦争勃発）。

締約国が保護する子どもは、「その管轄下にある」（二条一項）子どもである。自由権規約が「その領域内にあり、かつ、その管轄の下にある」（二条一項）とするのと対照的であり、ヨーロッパ人権条約第一条と同様である（自由権規約規定作成の経緯については、芹田前掲書『国際人権法』参照）。また、自由権規約委員会は、自由権規約第四〇条の政府報告書審査および同規約選択議定書の個人通報事例の中で、自由権規約委員会は、この規定の「かつ」を加重条件とは解釈せず、「かつ／または」（and/or）と解釈し、保護対象者の範囲を拡大してきたことから考えると、国際社会では、締約国の保護対象者を「その管轄の下にある者」とすることが定着していると言える。

㈢　保障する人権

1　一般原則

「（締約国の）定期的報告書の形式・内容の指針」が一般原則として掲げているのは、第二条の差別の禁止、第三条の子どもの最善の利益の優先、第六条の生命権の保障および生存権と発達権の最大限確保、並びに、第一二条の子どもの意見の尊重、である。

差別の禁止と子どもの最善の利益の優先　①　差別の禁止　締約国は、その管轄下にある子どもに対し、子ども又はその父母若しくは法定保護者の人種、皮膚の色、性、言語、宗教、政治的意見その他の意見、国民的、種族的若しくは社会的出身、財産、心身障碍《がい》、出生又は他の地位にかかわらず、いかなる差別もなしにこの条約に定める権利を尊重し、及び確保する」（二条一項）と定める。

子どもの権利条約の特色は、差別を受けない権利主体は、子どもだけにとどまらず、その父母（his or her parent）、場合によっては、その法定保護者（legal gardian）にまで及んでいることである。法定保護者の概念は、日本の民法で定める後見人より広く、当該子ども本人のみならず、本人が選びえないことを理由とする差別を禁止している。「他の地位」には、本人の意思に関わらない父母の婚姻関係から生じる地位が含まれる。とくに、ジェンダーにもとづく差別の根絶のための措置や、障碍《がい》をもつ子ども、少数者に属する子ども、原住の子どもの権利の十全な享有を確保する措置、に心配りが必要である。なお、障碍をもつ子どもについては、後述の障碍をもつ人の権利に関する条約（障碍者権利条約）第七条が特に言及している。

②　子どもの最善の利益

子どもに関するすべての措置をとるにあたって、「公的若しくは私的な社会福祉施設、裁判所、行政当局又は立法機関のいずれによって行われるものであっても、児童の最善の利益が主として考慮されるものとする」（公定訳三条一項）（英正文は the best interests of the child shall be a primary consideration）（児童の最善の利益が第一の考慮事項でなければならない）」。

子どもの権利条約の主たる目的は、子どもを権利主体として捉え、子どもの権利を定めることである。しかし、同時に、子どもは、成人とは異なり、常に成長を続ける存在であり、子どもには保護の視点が欠かせない。条約はその視点として、「子どもの最善の利益」を置き、これを第一の考慮事項（primary consideration）とした。

子どもの権利宣言では、この部分は、the paramount consideration（至上の考慮事項）であり、条約原案もそうであった。そちらのほうがより良く、より広く子どもを保護できるが、宣言の条約化＝国家への義務化過程で、paramount はいかにも広すぎると判断された。しかし、子どもの権利宣言の精神は堅持され、それに沿った解釈がなされるべきであろう。

なお、最善の利益という文言は、審議過程においては、条文によって、幸福であったり、福祉であったりした。

第三条一項は「最善の利益」に関する総論部分であり、原則を述べている。第三条で原則を述べ、各論として、いわば例示的に、次の条項で、子どもの最善の利益に触れている。

父母からの分離の禁止を定める第九条一項、父母の養育責任を定める第一八条一項、家庭環境を奪われた子どもの代替的監護（alternative care）を定める第二〇条一項、養子縁組について定める第二一条、自由を奪われた子どもの成人からの分離について定める第三七条(c)（自由権規約一〇条参照）、少年司法について定める第四〇条二項(b)(iii)、である。

＊児童福祉法について一言

児童福祉法は、総則に「児童福祉保障の原理」を置き、「すべて国民は、児童が心身ともに健やかに生まれ、且つ、育成されるように努めなければならない」こと、「すべて児童は、等しくその生活を保障され、愛護されなければならない」（一条一項、二項）こと、「国及び地方公共団体は、児童の保護者とともに、児童を心身ともに健やかに育成する責任を負う」（二条）ことを定め、これが「児童の福祉を保障するための原理であり、この原理は、すべての児童に関する法令の施行にあたって、常に尊重されなければならない」（三条）と定めており、「児童の福祉」を掲げている。

この基本理念は、しかし、昭和二二年の制定時から見直されておらず、子どもが権利の主体であること、子どもの最善の利益が優先されること等が明確でないといった課題が指摘されてきた。このため、二〇一六（平成二八年）五月二七日に同法等の一部を改正する法律（平二八年法律六三号）が成立し、公布された。

すべての子どもが「児童の権利条約の精神にのっとり、適切に養育されること、その生活を保障されること、愛され、保護されること、その心身の健やかな成長及び発達並びにその自立が図られることその他の福祉を等しく保障される権利を有する」（同法一条）。すべて国民は「児童が良好な環境において生まれ、かつ、社会のあらゆる分野において、児童の年齢及び発達の程度に応じて、その意見が尊重されるよう努める」（同二条一項）とされた。また、「家庭で適切な養育を受けられない場合に、現状では児童養護施設等の施設における養育が中心となっているが、家庭に近い環境での養育を推進するため、養子縁組や里親・ファミリーホームへの委託を一層薦めることが重要であ」り、「こうした場合には、家庭における養育環境と同様の養育環境において、継続的に養育されることが原則である旨を明記する」ため、同法に第三条の二が設けられた（引用は、厚労省雇児発〇六〇三第一号による）。この「家庭養護原則」への転換は画期的なものである。

また、児童虐待防止法は、二〇〇七年秋の改正に際して、同法の目的に、「児童の権利利益の擁護」を掲げた。

自由権規約第六条一項が単純明快に「すべての人間は、生命に対する権利を有する」と定めるのに対し、子どもの権利条約第六条一項は「締約国は、すべての子どもが生命に対する固有の権利を有することを認める」と定める。生命権(right to life)については、もはや争いはないが、生命の始期についての議論があり、胎児の生命権、胎児の権利をどのように捉えるかの問題は残る。しかし、本条約の主たる目的は、出生後の子どもの権利を保障することにあり、そのため、子どもの養育・発達に対する父母の共同責任を定める第一八条を除き、すべての条項が、出生後の子どもに関わると言うことができる。

生命権の保障

生存権と発達権の最大限確保

子どもの権利条約に特徴的で、高く評価できるのは、子どもに対して「生存」(survival)と「発達」(development)を「可能な最大限の範囲において」ではあるが、締約国が「確保する」としていることである(六条二項)。「生存」という日本語は英語の life にも survival にも充てられるが、survival は、生き延びること、生き残ることを意味し、生命に対する権利との比較で、本項は、子どもの人生をより長く、より良きものにするために積極的に措置をとることを強調するものとなっている。

本項を起点として各種の権利が定められ、各条文の解釈にあたっても、参照すべき原則となっている。この原則との関連で子どもの権利委員会が締約国に求めている情報に、死刑が一八歳未満の者によって犯された犯罪に科されないことの保障措置、子どもの死亡および殺人数、子どもの自殺防止策・子殺しの根絶策、その他子どもの生命、生存、発達に影響する関連課題、がある。

子どもの意見の尊重

子どもの意見表明権について、「締約国は、自己の意見を形成する能力のある子どもがその子どもに影響を及ぼすすべての事項について自由に意見を表明する権利を確保する」（一二条一項）と定め、そのため、「子どもは、特に、自己に影響を及ぼすあらゆる司法上及び行政上の手続において、国内法の手続規則に合致する方法により直接に又は代理人若しくは適当な団体を通じて聴取される機会を与えられる」としている（同二項）。もっとも、この場合において、「子どもの意見は、その子どもの年齢及び成熟度に従って相応に考慮されるもの（being given due weight in accordance with the age and maturity of the child）」とされている（同一項）が、これは、子どもが心身ともに発達途上の段階にある存在であり、子どもの発達段階に応じた子どもの見解の重視、つまり、子どもに「聴く」ことの重要性を指摘し、子どもに相応しい特有の方法の必要性を定めたものである。

2 各　論

市民的権利および自由

基本的には自由権規約に規定されている。氏名、国籍については、自由権規約第二四条の子どもの権利がほぼ対応している。子どもの権利条約は第七条第一項に「できる限り」ではあるが、「父母を知り、かつ、その父母によって養育される」権利を認めている。日本の場合、戸籍法や国籍法、民法によってこれらの権利は保障されており、婚姻外の出生の場合も、認知された場合は、当該子の戸籍に父の氏名が記載されるが、問題は残るし、また、不妊治療として婚姻中の夫以外の精子を利用する場合には、生物学的な意味での父の特定は難しい。なお、再婚禁止期間との関係で生まれる無戸籍児に対しては、早急な対応が必要である。こうした法の隙間がなければ、身元関係事項の保持は確保できる。

表現の自由（一三条）、思想、良心、宗教の自由（一四条）、集会、結社の自由（一五条）については憲法上も保障されている。もっとも学校現場には問題は残る。とくに投票権が一八歳まで引き下げられたことにより、高校三年生について各教育委員会、学校で扱いが区々である。

第一六条で定めるプライバシー・名誉の保護は自由権規約第一七条とほぼ同じである。第一七条において、マスメディアへのアクセス、適切な情報の利用が定められている。

子どもに対する暴力　子どもの権利委員会が、とくに情報を求めているのは、次のものである。

虐待・ネグレクト（一九条）、すべての形態の有害な慣行（女性器切除、若年結婚・強制結婚を含む）の禁止・除去のために取った措置（二四条三項）、性的搾取や性的虐待（三四条）、拷問、その他残虐な、非人道的な、品位を汚す取扱いや刑罰（とくに体罰を含む）を受けない権利（三七条aおよび二八条）、被告児童の心身の回復および社会復帰を促進するための措置（三九条）、子どもSOSダイヤルの利用可能性、である。

子どもの権利委員会は、日本の二〇〇八年の第三回定期報告に対する最終所見において、体罰の明示的禁止を認めつつも、「体罰禁止が効果的に行われていないとの報告」に懸念を示していた。政府は、その後二〇一七年の報告で、体罰が学校教育法で厳禁されていること、児童生徒に対する懲罰は許されており、「懲戒が必要と認められる状況においても、決して体罰によることなく、児童生徒の規範意識や社会性の育成を図るよう」通知などで示している旨報告している。

家庭環境および代替的な監護

子どもは、基本的にその家族の下で生活する。そこで、子どもが条約で認められている権利を行使するにあたって両親等が「適切な指示および指導」を与える「責任、権利および義務を尊重しなければならない」。子どもの養育・発達には父母が共同責任を有するとの原則が承認されるよう確保するよう最善の努力を国は行わなければならず、そのため国は養育責任を果たす適当な援助を与え、「施設・設備・役務の提供の発展を確保する」。そこで、父母との分離は禁止され、家族再統合のための出入国の規定が設けられた。また、国は、子どもの心身の健康のケア、保護、処遇のために当局によって収容されている子どもに対し、その処遇や関連する収容状況の定期的検査を受ける権利を認めている。

家庭環境を奪われている子ども、あるいは、子ども自身の最善の利益を考えるとその家族環境に留まることが許されない子どもには、国が国内法に従い代替的監護を確保する。代替的監護には里親委託等が含まれ、養子縁組についても規定されている。日本は、先述のように、二〇一六年に児童福祉法を改正し、「家庭環境原則」への転換を図った。

なお、世界的に人の移動や国際結婚が増加したことによって、一九七〇年代初頭から一方の親による子どもの連れ去りや監護権をめぐる争いが増え、その解決のため一九八〇年一〇月に「国際的な子の奪取の民事上の側面に関するハーグ条約」が作成された。

障碍《がい》、基礎的な保健および福祉

子どもが身体的、精神的、道徳的、社会的発達のための相当な生活水準をもっていることが認められているので、国、父母等は、その能力の範囲内で、発達に必要な責任を負っている。また、国は、子どもが社会保健その他の社会保障から給付を受ける権利を認めている。なお、一定の共働きの親をもつ子どものための養護の施設から、子どもが便益を受ける権利を確保するため、適当な措置をとることを定めている。

子どもの権利委員会は、ＨＩＶ／ＡＩＤＳその他の性感染症の感染率が上昇していることに懸念を示し、「締約国が学校カリキュラムにリプロダクティヴ・ヘルス（性と生殖に関する健康：筆者）教育を含めることを確保し」、「一〇代の妊娠およびＨＩＶ／ＡＩＤＳ等の性感染症の予防を含む自己のリプロダクティヴ・ヘルスに関する権利についての情報を十分に提供」することと等を勧告した。政府は「学校における性・エイズに関する指導は……学習指導要領に則り、学校教育活動全体を通して行われている」こと、「学校カリキュラムにおいてリプロダクティヴ・ヘルス教育という用語は使用していないものの、これに関する内容は含んでいると報告している。委員会と政府の間に「建設的対話」が生まれることが期待される。

教育、余暇および文化的活動　教育については、社会権規約、女性差別撤廃条約、障碍《がい》者権利条約でも定められているが、大切な視点は、各条約は順に、一九六六年、一九七九年、一九八九年に採択され、社会が、時の流れとともに、人の大切さに思いを致し、権利保護の必要に目覚め、その深化、拡充、実現へ向かって確実に努力を重ねてきていることである。

特別な保護措置　特別保護として、まず、子ども難民の保護があり、次いで、少数者保護、とくに、原住民の子ども保護を挙げている。第三に、経済的その他あらゆる搾取からの保護が規定され、性的搾取、誘拐、売買等に加え、麻薬等からも保護されている。第四に、拷問・死刑等が禁止されているほか、一八歳未満の者に対しては「釈放の可能性のない終身刑」を科してはならないとしている。

なお、締約国は、放置（ネグレクト）や搾取、拷問等により被害を受けた子どもの身体的、心理的回復や社会復帰を促進する、あらゆる適当な措置をとることを約束している。

子どもの売買、子ども買春および子どもポルノの禁止　子どもの売買や買春は、昔から見られたことであったが、画期となったのは一九九六年にストックホルムで開催された

「第一回児童の商業的性的搾取に反対する世界会議」であった。商業的搾取に焦点を当てたのである。

ところで、子どもの権利条約は、「あらゆる形態の性的搾取および性的虐待から子どもを保護することを約束」している（三四条）。これは、社会権規約第一〇条三項の「搾取からの保護」を、性的な面において具体化したものであり、買春一般については「人身売買及び他人の買春からの搾取の禁止に関する条約（一九四九年、日本につき一九五八年五月発効）があり、さらに女子差別撤廃条約第六条も女性の売買および買春からの搾取の禁止を定めている。しかし、とくにいわゆるセックスツアー、途上国への買春旅行が子どもを巻き込み、さらにインターネットの広まりに応じて、これを介するポルノが大きな問題となった。日本は、一九九六年にストックホルムで開催された「第一回児童の商業的性的搾取に反対する世界会議」に参加し、その後、そのフォローアップとして二〇〇一年一二月に「児童の商業的性的搾取に反対する国内行動計画」を策定し、以後この問題に取り組んでいる。国連は、二〇〇〇年五月二五日に「児童の売買、児童買春及び児童ポルノ禁止に関する選択議定書」を採択、同議定書は二〇〇二年一月一八日発効した。日本は、二〇〇五年一月二四日、これを批准し、同二月二四日に日本につき発効した。

同議定書は、児童売買、児童買春、児童ポルノを第二条で定義し、第三条でこれらを犯罪化することを締約国に義務づけた。日本は、同議定書を批准するにあたり、同議定書を担保する必要性、国内の犯罪状況に鑑《かんが》みて、二〇〇四年に、児童福祉法、ならびに、児童買春、児童ポルノに係わる行為等の規制及び処罰並びに児童の保護等に関する法律、いわゆる児童買春・児童ポルノ禁止法を改正した（平成一一年法律第五二号、最終改正平成二六年六月二五日法律七九号）。本書では、なかんずく問題となる児童ポルノに絞って取り上げたい。

児童の売買、児童買春及び児童ポルノ禁止に関する選択議定書（以下、子どもポルノ禁止議定書という）は、第二条で、児童売買、児童買春、児童ポルノをそれぞれ定義し、子どもポルノについては、次のように定義する。

「現実の若しくは疑似のあからさまな性的な行為を行う児童のあらゆる表現（手段のいかんを問わない）又は主として性的な目的のための児童の身体的性的な部位のあらゆる表現」をいう（二条c）。

締約国は、「前条に定義する児童ポルノを製造し、配布し、頒布し、輸入し、輸出し、提供し、若しくは販売し又はこれらの行為の目的で保有すること」を「自国の刑法または刑罰法規の適用を完全に受けることを確保する」(同三条c)ことを約束している。要するに、締約国はこれを犯罪化しなければならない。

前述の児童買春・児童ポルノ禁止法では、子どもポルノは「写真、電磁的記録(電子的方式、磁気的方式その他人の知覚によっては認識することができない方式で作られる記録であって、電子計算機による情報処理の用に供されるものをいう。以下同じ。)に係る記録媒体その他の物であって、次の各号のいずれかに掲げる児童の姿態を視覚により認識することができる方法により描写したもの」と定義し、「一　児童を相手側とする又は児童による性交又は性交類似行為に係る児童の姿態」「二　他人が児童の性器等を触る行為又は児童が他人の性器等を触る行為に係る児童の姿態であって性欲を興奮させ又は刺激するもの」「三　衣服の全部又は一部を着けない児童の姿態であって、殊更に児童の性的な部位(性器等若しくはその周辺部、臀部又は胸部をいう。)が露出され又は強調されているものであり、かつ、性欲を興奮させ又は刺激するもの」とされ、子どもポルノの所持・提供・製造・頒布・公然陳列・輸入・輸出が禁止されている(同法七条)。なお、同法でいう「性器等」というのは、性器、肛門または乳首をいう(同法二条)。

さて、保護される子どもは、条約上一八歳未満であり、日本の児童買春・児童ポルノ禁止法も同様である（同法二条）。しかし、現実には、世界各国で必ずしも同一ではなく、一六歳未満、一七歳未満としている例もある。日本でも、地方自治体によっては、条例によって、保護する子どもを「一三歳未満」としている奈良県や栃木県の例がある。とくに考慮すべきは、子供の成長への悪影響である。子どもは心身ともに発達途上にある存在であり、子どもの意見の尊重に触れた折にも指摘したことであるが、子供の意見の尊重にはその子どもの「年齢と成熟度」（the age and maturity）が相応に考慮され、「概《おおむ》ね満一五歳」が「自己の意見を形成する能力」の基準とされていることである。また後述の子ども兵士の一五歳年齢等も加味して、子どもの全人的成長のために、絶対的な保護対象者の年齢を一五歳ないし一三歳とするのも頷《うなず》けることである。日本の刑法上の強姦罪は「一三歳未満の女子」の場合は、「暴行又は脅迫」や「同意」の有無にかかわらず、成立することも追記しておこう。

なお、年齢にかかわって、現在の漫画やアニメやゲームなどのキャラクターで、その年齢をあえて不詳とするものが見られることであり、アダルトゲームなどでは性交渉を行うキャラクターを一八歳以上と強調したり、漫画には肉体の変化した者のほか、天使、妖精、宇宙人などが登場する。後者は、条約が人間（human being）を対象としている限りで問題とは言えないかもしれないが、いわばポルノ風潮を蔓延させるのであれば問題がある。しかし、表現の自由は、人間社会の根底にあるものであるだけに創作物の規制については慎重な議論が必要である。

ところで、議定書第一項cで禁止される「保有」について、日本は、前述の児童買春・児童ポルノ禁止法の二〇一四（平成二六）年改正（施行から一年経過後、二〇一五年七月一五日から適用されている）によって、「自己の性的好奇心を満たす目的で、児童ポルノを所持した者（自己の意思に基づいて所持するに至ったものであり、かつ、当該者であることが明らかに認められる者に限る）は、一年以下の懲役または百万円以下の罰金に処する。自己の性的好奇心を満たす目的で、第二条第三項各号のいずれかに掲げる児童の姿態を視覚により認識することができる方法により描写した情報を記録した電磁的記録を保管した者（自己の意思に基づいて保管するに至った者であり、かつ、当該者であることが明らかに認められる者に限る）も、同様とする。」（同七条一項）として、いわゆる単純所持を禁止した。

子どもポルノの販売目的所持や頒布目的所持は、規制については比較的に問題は少ないが、それ自体が危険な麻薬や銃器等の保持とは異なり、子どもポルノの単純所持の規制範囲を定めるのは、「自己の性的好奇心を満たす目的」を置くだけでは、難しい。米国のように、子どもポルノを厳しく取り締まる国のような場合、外務省海外安全ホームページの海外邦人事件簿が例示するように、父親が幼少の娘と一緒に入浴した折などの裸の写真の保持がポルノ所持の疑いで警察の取り調べを受けたりする社会にまでなる可能性がある。、

さらに問題なのは、図書館における扱いである。国立国会図書館は少女ヌード写真集等について二〇〇六年四月一日から完全に閲覧禁止とした、と報じられた。子どもポルノとされ得る蔵書の閲覧が、法で禁止する「提供」に当たる可能性があるから、であるようである。しかし、この措置は、二〇一三年八月に松江市で起きた『はだしのゲン』の閲覧制限に何やら似ている。かたや発達途上にある子どもの図書へのアクセス権や教育図書の選定権にかかわり、他は国民の知る権利にかかわっている。何よりも国家はどこまで道徳や価値に介入できるのか。子どもの保護に名を借りた自由の制限はあってはならず、こうした措置には危うさを感じる。

なお、インターネット上において子どもポルノが氾濫している状況について触れておきたい。子どもポルノの場合、具体的に子どもという被害者が存在し、被害が長期間にわたるので、インターネットの検索結果の削除要請が被写体の側から出されることが多く、最高裁判所は、ポルノ関連ではないが、検索サイトの役割を重視し、検索結果の表示が事業者の表現行為であることから、判断基準として、情報の内容、被害の程度、記事などの目的、情報記

載の必要性等を挙げた（最三小、『朝日』『神戸』二〇一七年二月二日）。このことにより検索サイト側がより慎重になることが期待される。

なおまた、日本において、SNSで知り合い、誘われたうえ殺害されるという痛ましい事件が、時に、報じられる。ヨーロッパで二〇二〇年にセンセーションを巻き起こしたチェコのドキュメンタリー映画『SNS——少女たちの一〇日間』（日本での公開は二〇二一年六月）が成人男性による少女の性的搾取状況を余すところなく暴き出している。これはSNSの闇、暗部である。社会全体としてもっと心を注がなければならない。

武力紛争における子どもの関与の禁止

子どもの権利条約の中に武力紛争における子どもの保護に関する条項が置かれたが、とくにアフリカにおける子ども兵士の多用が問題とされ、国連安保理決議一二六一（一九九九）が取り上げ、翌二〇〇〇年五月に「武力紛争における児童の関与に関する児童の権利に関する条約の議定書」が国連総会で採択された（日本につき二〇〇四年八月二日批准、二〇〇五年九月二日発効）。

同議定書は、第一に、敵対行為への子どもの直接参加の禁止（一条）、第二に、子どもの徴兵の禁止（二条）、第三に、軍隊に志願する者の採用についての最低年齢の引き上げ（三条一項）、および、この最低年齢を記載する拘束力ある宣言等を行うこと（同二項）等、第四に、国の軍隊と異なる武装集団による子どもの採用・使用の禁止（四条）、その他国際協力（七条）等である。

子どもの権利条約第三八条は、武力紛争における子どもの保護を定めており、一九九六年の第一回日本政府報告書において、日本が一九四九年の文民保護条約の当事国であること、自衛隊法施行規則で自衛官の採用を一八歳以上の者としていること、自衛隊生徒として一五歳以上一七歳未満の者を採用しているが、これらの者が第一線部隊に配置されることはない旨を報告している。

ところで、武力紛争における児童の関与に関する児童の権利に関する条約の選択議定書についての政府第一回報告書は、二〇〇八（平成二〇）年四月に提出され、基本的には、子どもの権利条約についての第一回政府報告書と同一線上にあり、詳細になったと言える。この選択議定書についての政府報告書に対して、子どもの権利委員会から主として、日本の法制について質問事項が提出され、二〇一〇年四月の政府回答で、実質的に保護に関係するのは、紛争地域から日本に到着する難民の子どもに関する情報提供と、子どもが紛争に巻き込まれている国への軍事支援の問題である。第一の点は、二〇〇五年から二〇〇九年までの難民申請者計五一四一名中、認定者二〇八名であるが、子どもであるか否か、子どもに付き添い、があるか否かについては統計がない。難民申請中で困窮者の場合、国籍、年齢を問わず、医療費の実費等の支給を行っている旨の情報を提供している。第二の点は、「軍事支援」の具体的内容が明らかではないが、ODAについて、「軍事的用途及び国際紛争助長への使用を回避し、また、開発途上国における基本的人権及び自由の保護状況等に注意を払うことをODA大綱において明記している」としている。

この点は、しかし、一九六七（昭和四二）年の佐藤総理の国会答弁、いわゆる武器輸出三原則とともに、ODA大綱についての見直しがなされ、二〇一四（平成二六）年四月一日に閣議決定された「防衛装備移転三原則」で運用指針を定め、防衛装備とは「武器」と「武器技術」のことと定義し、輸出貿易管理令別表にかかげるもののうち、「軍隊が使用するものであって、直接戦闘に供されるもの」について、移転を禁止する場合を明確化し、移転を認める場合の限定や審査の公開等を定めている。また、翌二〇一五年二月一〇日に閣議決定された「開発協力大綱」では、「開発協力の適正性確保のための原則」として、「軍事的用途及び国際紛争助長への使用の回避」と「軍事支出、大量破壊兵器・ミサイルの開発製造、武器の輸出入等の状況」に注意を払うという形となった。

ところが、子どもの権利条約起草時からの問題は、条約第三八条二項に定める「一五歳未満の者が敵対行為に直接参加しないことを確保するためのすべての実効可能な措置をとる」とする、子どもの戦闘への参加の問題であった。子どもの権利委員会は、日本の報告に対する最終所見で、「軍隊もしくは武装集団への児童の徴兵又は敵対行為における児童の使用を明示的に犯罪化した法律が存在せず、かつ、敵対行為の直接参加の定義も存在しないことに対し、引き続き懸念する」。しかし、この点は、いわゆる交戦法規でも難しい論点である。

同選択議定書に関する政府報告書において、政府は次のように言う。

選択議定書における「敵対行為」とは、国際的な武力紛争の一環として行われる、その性質及び目的において敵の要員及び装備に実害を与えることを意図した行為を意味するものである。

「敵対行為」に「直接参加」するとは、そのような敵対行為における行動であって、自らの行動と敵が被るであろう実害との間に直接の因果関係が存在するものを意味する、と解されている。もっとも、具体的にいかなる行為がこの議定書における「敵対行為」に「直接参加」することに該当するかについては、個別具体的に判断する必要がある。

例えば、敵の要員を殺傷したり敵の装備を破壊する行為は、「敵対行為」に「直接参加」することと評価されるものと考えられる。他方、輸送、補給、衛生等の活動に従事することは、敵対行為に直接参加することとは評価されないものと考えられる。

さて、子どもの保護の観点からは、「直接」「間接」を問わず、子どもの敵対行為参加をすべて禁じることである。しかし、子どもの権利条約上の「子ども」は一八歳未満のすべての者であるところ、「一五歳未満の者」の「直接」参加のみを、ジュネーヴ諸条約への第一追加議定書第七七条二項同様に、禁止した。

確かに「間接的な敵対行為」とは、たとえば、一般に、軍事情報の収集・伝達、武器、弾薬、食料の補給などであり、戦闘を支援する行為である。しかし、武力紛争の帰趨は、互いの有する戦闘継続能力に依存するのであり、戦闘に係る行動のすべてが攻撃、無力化の対象となる。その意味で、「直接」「間接」の区別は必ずしも有意なものとは言えないことを考慮すべきである。

六　障害者権利条約——障害者の権利——

(一)　成立の経緯

障碍者（政府公定訳は、障害者）の権利に関する条約は二〇〇六年一二月一三日に国際連合総会で採択され、二〇〇八年五月三日に効力を発生した（日本につき二〇一四年二月一九日）。名称は「障碍《がい》をもつ人の権利に関する条約」（Convention on the Rights of Persons with Disabilities）（本節では、「障がい」ともせず、便宜上、政府公定訳を用いる）とされ、従来、たとえば「障害者」権利宣言（Declaration on the Rights of Disabled Persons）や国際連合「障害者」年（United Nations Year of Disabled Persons）等に用いられた「障害者（disabled persons）」に変え、「障害をもつ人（persons with disabilities）」が使われている。こうして「人（person）」に着目することによって、人から生まれるすべての人の「固有の人間の尊厳」が確認でき、「人間の多様性」を宣言できる（三条一般原則）。そして、「障害」(disabilities（仏）le handicap）を固定的なものとしてではなく、「発展する概念」（an evolving concept、（仏）la notion de handicap evolué）（前文e）と定義するに至った。

条約採択までの障害者をめぐる国際社会の動きとしては、一九六〇年に国連経済社会理事会が「身体障害者の社会リハビリテーション決議」を採択し、その後、国連総会が六九年に「社会発展と開発に関する宣言」、七一年に「精神障害者権利宣言（Declaration on the Rights of Mentally Retarded Persons）」、七五年に障害者権利宣言（Declaration on the Righs of Disabled Persons）を採択した。八一年が「完全参加と平等」をテーマに「国連障害者年」とされ、障害者年の最大の成果が八二年一二月に国連総会の採択した「障害者に関する世界行動計画」である。また、八三年－九二年が「国連障害者の一〇年」に指定された。そして、九三年に「障害者の機会の均等化に関する標準規則」（Standard Rules on the Equalization of Opportunities for Persons with disabilities）が採択され、この標準規則が条約化の基礎となった。障害者権利条約も、障害者権利宣言が先行しており、宣言―条約のパターンで宣言の条約化がなされたように思えるが、この間には障害政策に大きな転換があることを指摘しておかなければならない。

㈡　保障の内容

障害者権利条約は五〇カ条からなっているが、特段の部構成をしていない。それだけ課題が多岐にわたり、従来の分類になじまないことを示している。

条約第三四条によって新設された障害者権利委員会は、同三五条に従って締約国が報告義務を果たすために報告書を作成するときの指針（CRPD/C/2/3）（障害者権利委員会「政府報告指針」）を採択している。国内的には、日本には障害者基本法（昭和四五年五月二一日法律第八四号、最終改正平成二五年六月二六日法律第六五号）によって、内閣府に、三〇人以内の委員から構成される障害者政策委員会が設けられ、障害者、障害者の自立及び社会参加に関する事業に従事する者、学識経験者のうちから総理大臣が任命する。委員会は、障害者基本法、障害者差別解消法に定める任務を行う。

障害者権利委員会「政府報告指針」も第一条から四条を一般規定とするほかは、個別権利規定として、条文順に報告すべき点を指摘しているのみである。

本書では、まず、基本原則を定めていると思われる条文を抽出し、次に、一般的に、自由権および社会権を規定する条文を取り上げ、障害をもつ人たちの参加の平等に関わる特有な課題に言及したい。そして最後に、障害をもつ少年、少女、女性に対する特別規定を取り上げる。

(三)　障害者差別の定義

不当な差別の禁止　条約は第一条に条約目的を掲げ、第二条に「定義」を掲げた。定義されているのは、「意思疎通」（communication）「言語」（language）「障害を理由とする差別」「合理的配慮」（reasonable accomodation）「ユニバーサルデザイン」である。

「障害を理由とする差別」は、「障害を理由とするあらゆる区別、排除又は制限であって、政治的、経済的、社会的、文化的、市民的その他のあらゆる分野において、他の者と平等にすべての人権及び基本的自由を認識し、享有し、又は行使することを害し、又は妨げる目的又は効果を有するものをいう。障害を理由とする差別には、あらゆる形態の差別（合理的配慮の否定を含む）を含む」とされている。

この定義は、女性差別撤廃条約第一条の定義と基本的に同一である。女性差別撤廃条約と人種差別撤廃条約を比較すると、前者には後者にある「優先」がないことを指摘したが、障害者権利条約には、「合理的配慮の否定」が差別となることに言及されている点が大きな特徴である。

また、障害者権利条約は、第三条に「一般原則」を掲げ、(a)号の固有の尊厳等の尊重とともに、(b)号で「差別されないこと（non-discrimination 差別禁止）」を挙げ、さらに、第五条に「平等と差別禁止（equality and non-discrimination）」規定を置いている。同条第二項は「障害を理由とするあらゆる差別を禁止し（prohibit）、いかなる理由による差別に対しても平等のかつ効果的な保護を障害者に保障する」ことを締約国に義務づけている。このことは、直接差別のほか、いわゆる間接差別の禁止も意味しており、雇用等の場面で大きな意味を持っている。次に触れる「合理的配慮の否定」とともに障害者の社会への平等参加に弾《はず》みとなる。

合理的配慮否定の禁止

「配慮」という日本語の一般的意味は、「心をくばること。心づかい。心配」（『広辞苑第二版』）であるが、英語は accomodation であり、仏語は aménagement である。英語には、便益、便宜、（必要物の）提供などの意味があり、仏語は、整頓整備すること、必要品を備え付けることなどの意味をもつので、公定訳の「配慮」では具体性に欠ける。たとえば、便宜供与とか条件整備とすべきではないだろうか。少なくともそのような意味を持つものと理解しなければなるまい。もっとも、改正障害者雇用促進法に基づく「障害者差別禁止指針」と「合理的配慮指針」が策定され、合理的配慮の内容としては、募集・採用時には、募集事業について、音声等で提供すること（視覚障害）や面接を筆談等により行うこと（聴覚・言語障害）として列挙され、また、採用後には、机の高さを調節すること等作業を可能にする工夫を行うこと（肢体不自由）や本人の習熟度に応じて業務量を徐々に増やしていくこと（知的障害）や出退勤時刻・休暇・休憩に関し、通院・体調に配慮すること（精神障害ほか）などとされているので、障害者雇用の面では、本条約は大きな役割を果たしている。

(四) 保障する人権

(1) 生命権と法の前の平等承認（一〇－一三条）

締約国は、すべての人間が生命に対する固有の権利を有することを「再確認」している。すでに人間の生命権の至高性に触れたように、人は生命を奪われるとすべての人権を失う。生命に対する権利は何よりも重く、基礎的なものであり、すべての人権の出発点にある。そこで、締約国は、このことを再確認した上で、障害者が他の者と平等にこの権利を「効果的に享有することを確保するためのすべての必要な措置をとる」こととしている（第一〇条）。

生命権

二〇二一年七月一一日現在当事国一八三カ国のうち第一〇条に関する留保は一カ国もな

い。ただ、オランダが二〇〇七年三月三〇日の署名の時に行った宣言で、二〇一六年六月一四日の批准の時にも触れた宣言については言及に値する。「出生前の人間の生命（unborn human life）は保護に値する」こと、これについては欧州人権裁判所の判例に待ちたいこと、「人間（human being）」については国内法の問題である、としたことであり、特に「出生前の人間の生命」の保護について触れておきたい。

周知のとおり、自由権規約第六条の生命権については、妊娠中絶との関連で、胎児の生命権の保障について、自己決定権を主張する「個人の尊重」派と、あくまで「人間の尊重」を重視する人たちとの間で大きく意見が分かれている。米州人権条約は「一般的に受胎の時から」生命権は保障されると規定しているが、「一般的に」を挿入することにより妊娠中絶の国内法をもつ国との間に妥協がはかられ、他方、欧州人権条約では、一〇週までの胎児については、母体保護のための中絶は条約違反ではないと判断している。

注目すべきは、最近の生殖医療の発展がめざましく、障害をもっているか、障害をもって生まれる可能性のある胎児の中絶がみられるようになり、人間の選別につながるような現象が生じていることである。しかし、妊娠中絶は、胎児が母体から独立して生育できない時期における母体の生命保護の場合に限るべきであって、経済的理由はとるべきではない。喫緊の課題は、子どもを社会で育てる手立てこそを考え、構築することである。

なお、「生命権の効果的享有」の確保のため、特に武力紛争、人道上の緊急事態、自然災害の発生等の危険な状況において、障害者の保護・安全の確保のため必要なすべての措置を締約国がとることを定めている。

法の前の平等承認

障害者はすべての場所において法律の前に人として認められる権利を有することが締約国によって再確認されている（条約第一二条一項）。

また障害者が法的能力（legal capacity）を享有することが認められている（同二項）。女性差別撤廃条約第一五条二項では、民事に関して女性に男性と同一の法的能力を与え、また「この（法的）能力を行使する同一の機会を与える。特に、締約国は、契約を締結し及び財産を管理することにつき」男性と平等の権利を与えるとしていることからも推察されるように、障害者が享有する法的能力には、単に権利能力のみならず、行為能力が含まれる。

女性差別撤廃条約と障害者権利条約の大きな相違は、しかしながら、障害者権利条約が第一二条三項において「その法的能力の行使に当たって必要とする支援を利用する機会を提供するための適当な措置をとる」と定めていることである。つまり、判断能力に障害があると思われる場合でも、支援を受けた自己決定を認めていることである。このことは日本の成年後見制度の在り方に見直しを迫るものといえよう。なぜなら、従来は医学モデルに立って判断能力の欠如を診断し、それを基に、判断能力のない者に代わって決定する成年後見人をつける方法を考えてきたからである。第一二条三項の「支援」は、本条約の根幹をなす「合理的配慮」を具体化するものと言えよう。

なお、内閣府障害者政策委員会は、意思決定の支援および法的能力の行使を支援する社会的枠組みの構築が急務であること、また、成年後見制度のうち、特に代行型の枠組みである後見類型の運用は、最良の支援を提供しても、なお法的能力の行使が困難な場合に本人の権利・利益を守るための最終手段として利用されるべきものであり、代理人が意思決定する場合にもできる限り本人の意思を尊重するように制度運用の改善を図る必要を指摘している。

成年後見制度（後見、保佐、補助）の利用者数について、政府報告書は、二〇一四年末における後見三類型の内訳として、成年後見一四万九〇二一件（約八一・六％）、保佐二万五一八九件（約一三・八％）、補助八三四一件（約四・六％）と報告している（政府報告第七九項）。

さて、障害者権利条約は、障害者が他の者との平等を基礎として司法手続きを利用する効果的な機会を有することを締約国に確保させている（条約一三条）。既述のように、公正な裁判を受ける権利については、自由権規約第一四条において詳細に規定され、さらに、子どもの司法手続きの保護につき子どもの権利条約第四〇条に規定があり、障害をもつ子どもの権利に関しては同条約第二三条に詳細に規定する。いずれも、年齢の考慮とともに、障害の種類や程度に応じた配慮に加えた適切な配慮を求めていることを指摘しておきたい。

(2)　社会参加と自由権（一四－二三条）

①　いわゆる自由権と捉えられるのは、身体の自由（一四条）、拷問または残虐な、非人道的なもしくは品位を傷つける取り扱いもしくは刑罰からの自由（一五条）、搾取、暴力および虐待からの自由（一六条）、個人の一体性《インテグリティ》の保護（一七条）、移動の自由および国籍（一八条）、自立した生活および地域社会への包摂（一九条）、個人の可動性（二〇条）、表現および意見の自由ならびに情報へのアクセス（二一条）、プライバシーの尊重（二二条）、家庭および家族の尊重（二三条）である。

しかし、後に見るように、障害者が障害をもたない者と平等の基盤に立って自由権を享有するには、必ず社会の側の障壁を取り外さなければならない。このことから、これまでの自由権論から一歩進んで、障害者が自由権を享有すれば、すべての人が自由に生き生きと生きる、真の意味で自由権を享有することになることに気付くことになる。

従来、典型的には、自由権とは、平等な個人の存在を前提としてその自由な活動を保障する目的をもつもの、社会権とは、個人と個人の間には社会的な地位の強さに実質的な相違があることを前提として強い個人の自由権に対して一定の制限を加えるとともに、弱い個人に対しては単純な自由の保障にとどまらず、かえってその生存を保障するために、国家が一定の保護を与えるもの、と理解されてきた。本書では、障害者の自由権保障に、「社会参加」という視点を明確にして叙述した。

身体の自由と安全に対する権利は、自由権規約第九条において詳細に規定されている。障害者権利条約では、自由の剥奪が「障害の存在によって正当化されないこと」（一四条一項(b)）、そして、自由を奪われた場合、「国際人権法による保障を受ける権利を有すること」と、「合理的配慮の提供を含む」条約目的・原則に従って取り扱われることが保障されている（同条二項）。

② 拷問または残虐な、非人道的なもしくは品位を傷つける取り扱いもしくは刑罰からの自由は、自由権規約第七条に規定する。

障害者権利条約に特徴的なのは、虐待（abuse）を扱う第一六条であり、同条は、家庭の内外におけるあらゆる搾取、暴力および虐待（性別に基づくものを含む）から障害者を保護するためすべての適当な措置をとることを締約国に義務付けている。日本では、刑法上、暴行罪、傷害罪、保護責任者遺棄罪、逮捕監禁罪、脅迫罪、強要罪などを処罰する規定があり、これらの罪に該当する行為は、障害者に対するものも、処罰することが可能である。また、「犯罪被害者等基本法」には個人の尊厳にふさわしい処遇を保障している。その他特に、「障害者虐待の防止、障害者の養護者に対する支援等に関する法律」（障害者虐待防止法）、「配偶者からの暴力の防止及び被害者の保護等に関する法律」、「児童虐待の防止等に関する法律」（児童虐待防止法）等を置いている。

もっとも、身体的、性的、心理的虐待や放置、経済的搾取などの虐待等の防止には、特に分離、隔離された環境における虐待が、時に報道によって明らかになるように、ブラックボックス化した状況で発生するので、障害者に役立つことを意図したすべての施設および計画が「独立した当局により効果的に監視される」（effectively monitored by independent authorities）ことを確保すること（同条三項）が重要である。また、虐待は、時に、人格の崩壊や退行化現象を生み出すことがあり、事前の早期発見はもとより、事後の全面的な回復等が重要であり、締約国がリハビリテーションや社会復帰促進の措置等をとることを規定している（同条四項）。

「個人の一体性の保護」と訳した政府公定訳は「個人をそのままの状態で保護すること」と訳されているが、英語はProtecting the integrity of the person、仏語はprotection de l'intégrité de la personneである。障害をもつ人が、かけがえのない個人として、他の者と平等に、心身ともに、そのまま受け入れられ、尊重される権利をもつことを謳っている。日本の障害者基本法の理念である。

③　移動の自由と国籍を得る権利（一八条）については、基本的には、自由権規約第一二条（移動・居住の自由）および第二四条一項および二項（子どもの権利）で規定されている。移動・居住の自由は、自由権規約では「合法的にいずれかの領域内にいる」すべての者に当該領域内で権利が保障されているのに対し、障害者権利条約は「他の者との平等を基礎として」とあるだけである。国籍の取得・変更は各国の国内事項であるが、日本では障害の有無を理由とする差別はない。「自国に戻る」（enter their own country）権利については、すでに、いわゆるサハリン裁判および永住権者の再入国事件裁判で詳細に検討したので（芹田健太郎『永住者の権利』（信山社、一九九一、初版）所収参照）、ここでは触れない。

なお、障害のある子どもの名前の登録と国籍を受ける権利については、一九六六年の自由権規約の定める子どもの権利および一九八九年の子どもの権利条約第七条一項と同様であるが、障害者権利条約は、子どもの権利条約と轡《くつわ》を一《いつ》にし、障害をもつ子どもが「できる限りその父母を知り、かつ、その父母によって養育される」権利を有すること（一八条二項）としている点で大いに異なる。

④　自立した生活および地域社会への包摂（inclusion in society）の「包摂」は、政府公定訳では「包容」であるが、この語は social exclusion（社会的排除）の対概念である social inclusion（社会的包摂）の意であると考えられ、inclusion を「包摂」とした（教育関係では、片仮名を使ったりしているようであるが、片仮名でインクルージョンとするのは避け、本書では、inclusive education は「分けない教育」としておきたい）。

⑤　障害者の自律・自立と地域社会への参加については、要となる第一九条のほか、前文(m)(n)、一般原則を定めた第三条に規定するが、障害者が自律・自立して他の者との平等を基礎として地域社会で生活を送る権利を認めたことは画期的なことである。そして、そのことを容易にするための実効的かつ適切な措置（effective and adequate measures）をとることとし、具体的に、居住地の選択を認め、施設・病院への強制入所の否定（同条(a)号）、自律・自立支援サービスの保障（同(b)号）、一般住民向けの地域サービス・施設の利用保障（同(c)号）が定められている。日本の場合、障害者基本法（平成二五年六月二六日最終改正法律第六

五号）で地域社会での共生が基本原則とされ（同法三条）、障害者の自立・社会参加支援等の基本的施策を国や地方公共団体に義務付けている（同一四条）。

⑥　また、従来の障害者自立支援法が障害者総合支援法（平成二四年六月二七日公布、平成二六年四月一日全面施行）として整備され、障害者に対する支援のうち、重度訪問介護の対象拡大、共同生活介護（ケアホーム）の共同生活援助（グループホーム）への一元化、地域移行支援の対象拡大、さらに障害者への理解を深めるための研修・啓発事業、意思疎通を行う者の養成事業等の追加がはかられた。

なお、内閣府障害者政策委員会からは、医療的ケアを必要とする重度障害者等の地域移行支援や精神障害者の地域移行支援については地域格差の問題や精神医療そのものの地域移行の必要が指摘されている。

⑦　障害者の自立・社会参加のためには自立して移動できることが欠かせない。個人の可動性（personal mobility）の確保、つまり個人の移動を容易にするために実効的な措置、具体的には自ら選択する方法で、自ら選択する時に、負担しやすい費用での移動を容易にすること（同二〇条（a号）、質の高い移動補助具等、人や動物による支援および仲介者の利用の機会を容易にすること（同(b)号）、障害者および行動を共にする専門職員に対し、移動のた

めの技能研修の提供（同(c)号）および移動補助器具等の生産事業体に対し移動のあらゆる側面を考慮するよう奨励すること（(d)号）である。なお、各市町村が地域特性や利用者のニーズに応じて行うガイドヘルパー派遣等の移動支援事業の二〇一四年三月の利用者（個別支援型）は一〇万人余であったという。また、身体障害者補助犬である盲導犬、介助犬、聴導犬の訓練については身体障害者補助犬法（平成一四年五月二九日法律第四九号）の定めに従って補助犬訓練事業者が行っており、その育成に要する費用に対し都道府県が身体障害者補助犬育成事業として助成している（障害者総合支援法七八条に基づく地域生活支援事業の一環）。

⑧　表現および意見の自由と情報へのアクセスのうち、意見をもつ権利は、自由権規約第一九条一項と基本的に同じであり、表現の自由は同第二項である。ただ、障害者権利条約は、自由権規約が「口頭、手書き若しくは印刷、芸術の形態又は自ら選択する他の方法により」とあるところ、「あらゆる形態の意思疎通であって自ら選択するものにより」と定め、「意思疎通」とは、「言語、文字の表示、点字、触覚を使った意思疎通、拡大文字、利用しやすいマルチメディア並びに筆記、音声、平易な言葉、朗読その他の補助的及び代替的な意思疎通の形態、手段及び様式（利用しやすい情報機器を含む）をいう」とされており、また「言語」とは、「音声言語及び手話その他の形態の非音声言語をいう」とされていることに注目

すべきである（障害者権利条約二条）。

⑨　情報へのアクセスについては、情報と考え（information and ideas）を「求め、受け、伝える」自由の行使を確保するために適切なすべての措置をとることを定め、一般原則として、先ず、障害者に対し様々な種類の障害に相応した利用しやすい様式と機器により、適時に、かつ、追加の費用を伴わず、一般公衆向けの情報を提供すること、としている（同二一条ⓐ）。公的な活動における手話・点字等の意思疎通の手段、形態、様式の使用の受け入れと容易化（同ⓑ）、一般公衆に対してサービスを提供する民間団体に対する情報・サービスを障害者にとって利用可能な様式で提供するように要請すること（同ⓒ）、マスメディアがそのサービスを障害者にとって利用しやすいものとするよう奨励すること（同ⓓ）、手話の使用を認め、促進すること（同ⓔ）を定めている。なお、障害者権利条約は、第九条において、障害者が自立して生活し、生活のあらゆる側面において完全に参加することを目的として、都市・農村双方において、物理的環境、輸送機関、情報通信、並びに、公衆に開放または提供される他の施設・サービスを利用する機会を有することを確保するための適切な措置をとることを定め、アクセシビリティの確保のための諸手段を規定している（政府報告では、「障害者基本法」、「高齢者、障害者等の移動の円滑化の促進に関する法律」（バリアフリー

法)、「身体障害者の利便の増進に資する通信・放送身体障害者利用円滑化事業の推進に関する法律」(障害者利用円滑化法)に基づく諸施策が詳細に報告されている)。

なお、障害者政策委員会は、特に、緊急時の対応、個別性の高いコミュニケーション方法を用いる人たちへの対応、省庁横断的な対応に課題があることを指摘している。

プライバシーの尊重に関しては、自由権規約第一七条と基本的には変わらないが、障害者の個人、健康、リハビリテーションに関する情報に係るプライバシーの保護に特に注意が払われている(障害者権利条約二二条二項)。

⑩　家庭および家族の尊重については、自由権規約第二三条を基本とし、女性差別撤廃条約、子どもの権利条約からとられている。障害者権利条約第二三条第一項には、(a)婚姻し家庭を形成する権利(自由権規約二三条二項、三項)、(b)子どもの数・出産間隔の決定(女性差別撤廃条約一六条一項(e))、そして、特筆されるのは、(c)障害者の生殖能力(fertility)保持の規定が置かれたことである。周知のとおり、優生思想(遺伝学的に「劣等」な者を減らし、「優秀」な子孫を増やすことにより、民族全体の健康を向上させるという考え)は、安楽死や不妊手術、中絶によって実施され、ナチスの悪行(二〇一六年七月に相模原市の「津久井やまゆり園」で発生した惨劇も忘れることができない)によって知られるが、日本でも一九四八年に優生保

護法（同法の対象としてハンセン病が明文化された）が施行され、一九九六年の母体保護法に改正されるまで有効であり、この間に強制不妊手術は一万六千余件にのぼったことを想起すべきであり、今また生殖医療に名を借りた命の選別が行われようとしていることにも思いを致すべきである。なお、本二三条一項(b)に関しては、ポーランドが留保を付し、本条が個人に対して中絶の権利を付与するものであると解釈されないものと了解する、としていることを特に付記しておこう。

＊ハンセン病について一言

ハンセン病患者は、明治四〇年の癩《らい》予防法、さらに、らい患者たちの猛反対の中で成立した一九五三年のらい予防法（昭和二八年八月一五日法律二一四号）によって引き続き隔離政策がとられ、偏見差別の中で、療養所への強制入所等の生活を余儀なくされてきた。二〇〇一（平成一三）年五月、熊本地裁に一九九八年七月に提訴された、らい予防法違憲国家賠償請求訴訟に熊本地裁が原告勝利の判決を下し、確定。

国は「ハンセン病の患者であった者等にいたずらに耐えがたい苦痛と苦難を継続せしめるままに徒過し」たことを「悔悟と反省の念を込めて深刻に受け止め深くお詫びするとともにハン

セン病の患者であった者等に対するいわれのない偏見を根絶する決意を新たにして」（前文）、同年六月、ハンセン病療養所入所者等に対する補償金の給与等に関する法律（平成一三年六月二二日法律六三号）を制定し、翌年四月から事業を開始した。なお、らい予防法は一九九六年に法律（平成八年四月一日法律二八号）によって廃止された。二〇〇八年には、ハンセン病問題の解決の促進に関する法律（平成二〇年六月一八日法律八二号）が制定された。しかし、強制不妊手術を受けさせられた女性等からの提訴など、いまだに多くの問題が残っている。

障害者権利条約第二三条第二項の養子縁組等は、子どもの権利条約第二一条および女性差別撤廃条約第一六条一項(f)である。第四項の父母から分離されない権利（子どもの権利条約九条一項）、同五項の代替的監護（子ども権利条約二〇条二項）である。

(3)　社会参加と社会権（二四－三〇条）

いわゆる社会権と捉えられるのは、教育（二四条）、健康（二五条）、ハビリテーションおよびリハビリテーション（二六条）、労働および雇用（二七条）、相当な生活水準および社会的な保障（二八条）、政治的および公的活動への参加（二九条）、文化的生活、レクリエーション、余暇およびスポーツへの参加（三〇条）である。

①　**教育**については、先ず社会権規約第一三条が一般的に教育に関する権利を定め、同第一四条で、無償の初等義務教育の確保措置を講じる義務を定め、次に、女性差別撤廃条約第一〇条が教育における差別の撤廃を定め、特に奨学金等の援助享有の同一機会、中途退学率の減少、スポーツや体育参加の同一機会の確保等を定め、さらに、子どもの権利条約第二九条が子ども教育の目的として、子どもの人格、才能、精神的・身体的能力を可能な限り最大限まで発達させることにあることを明確化し、障害者権利条約は、障害者の教育についての権利を認め、あらゆる段階で、分けない教育（inclusive education）制度および生涯学習制度を確保する、としている（二四条一項）。この条項に関する留保はいずれの国からもなされていない。

日本の障害者教育は、二〇〇七年に特殊教育から特別支援教育となった。教育は、通常の学級、通級による指導、特別支援学級、特別支援学校という多様な場が提供されている。

特別支援学校は、視覚障害、聴覚障害、知的障害、肢体不自由、病弱・身体虚弱の五区分に学校が設けられ、二〇一四年五月一日現在、計一四一三校が設置されており、計一八万七六六六人が通っている、特別支援学級は小・中学校に置かれ、前述の五区分の障害のある者に加え、言語障害、自閉症・情緒障害のある子どもが在籍し、他方、通常の学級に在籍し、一定の時期、自校の通級指導教室に通う、いわゆる自校通級や他校に出かける他校通級の「通級による指導」は、特別支援学級に通う子どもたちのほか、学習障害（ＬＤ）、注意欠陥・多動性障害（ＡＤＨＤ）のある子どもたちが在籍している。特別支援学級は計五万二〇五二設けられ、計一八万七一〇〇人が在籍しており、通級による指導を受けている子どもたちは、計八万三七五〇人である（特別支援学級に在籍する子どもたちのうち、視覚障害、聴覚障害は弱視、難聴と区分されている）。

なお、視覚障害、聴覚障害を持つ児童生徒を教育する特別支援学校には、特別支援学校学習指導要領に、「配慮事項」として、たとえば「視覚障害の状態に応じて、点字又は普通の文字の読み書きを系統的に指導し、習熟させること。なお、点字を常用して学習する児童に対しても、漢字・漢語の理解を促すため、児童の発達に応じて適切な指導が行われるようにすること」等、あるいは、「児童の聴覚障害の状態に応じ、音声、文字、手話等のコミュニケーション手段を適切に活用して、意思の相互伝達が活発に行われるように指導方法を工夫すること」等が規定されている。現実には、ここ数年でかなりの進展が見られるようであるが、施設・設備の不備とか地域格差等があり、障害者政策委員会からは、政府報告にあたり、環境整備のほか、「インクルーシブ教育を推進していくために、我が国が目指すべき到達点に関する議論、また、進捗状況を監視するための指標の開発とデータ収集が必要である」との指摘がなされている。

②　健康については、社会権規約第一二条で、すべての人が到達可能な最高水準の心身の健康を享有する権利を認めている。周知のように、社会権規約のこの条項は、ＷＨＯの強力な協力の下に作成されたもので、ＷＨＯ憲章前文は、「健康とは完全な肉体的、精神的及び社会的福祉の状態であり、単に疾病または病弱の存在しないことではない」と定義しており、障害者権利条約も当然これを踏襲している。さらに、女性差別撤廃条約第一二条は、特に、保健分野における差別撤廃と、妊娠、分娩、産後期間のサービスについてとるべき措置を定め、子どもの権利条約第二四条は、子どもに対し健康および医療に関する権利を認めている。

ところで障害者権利条約に特徴的なことは、女性差別撤廃条約が採択されたのが一九七九年のことであるが、その後一九九四年にエジプトのカイロで開催された国際人口・開発会議で、今後の人口政策の大きな柱として推進されるべきものとして、「性と生殖に関する健康と権利」が承認され、これが、第二五条(a)に書き込まれていることである。単に女性だけの問題にとどまらず、男性の問題としても考えなければならないことであり、また家族の性と生を考える上で、きわめて重要である。

③　障害者権利条約第二六条は、「ハビリテーションとリハビリテーション」と題されている。公定訳では「ハビリテーション」に「適応のための技能の修得」という注釈が付されている。英語は habilitation and rehabilitation、仏語は adaptation et réadaptation である。二〇二一年七月現在第二六条に対する留保はいずれの国からもいっさいない。

前述のように一九八三年からの国際障害者の一〇年に先立つ一九八二年に障害者に関する世界行動計画が採択された。同年七月開催の国際障害者年諮問委員会第四会期で、リハビリテーションに関して次のような定義がなされている。

リハビリテーションとは、障害者に最適な精神的、身体的、かつ／または社会機能的な水準を達成することを可能にし、こうすることによって自己の人生を変革する道具を提供することを目指す目標（ゴール）志向のかつ時間限定的な過程（プロセス）である。それは機能喪失や機能制限を補償する意図を持つ措置（たとえば技術的援助によって）その他社会的調整及び再調整を促進することを意図した措置を含む。

④　ところで、条約第二六条は、「締約国は、障害者が、最大限の自立並びに十分な身体的、精神的、社会的及び職業的な能力を達成し、及び維持し、並びに生活のあらゆる側面への包容及び参加（full inclusion and participation in all aspects of life）を達成し、及び維持することを可能とするための効果的かつ適当な措置（障害者相互による支援を通じたものを含む）をとる」とされている（同一項）。そして、そのため、特に、「保健」「雇用」「教育」「社会に係わるサービス」の四分野を掲げている。この意味では、本条は、前述の健康、教育、後述の労働・雇用等の規定の総則的規定といえる。

さて、リハビリテーションがハビリテーションを含むものとして世界行動計画では用いられていることはさておき、大きな相違は、第一に、「最適な」（optimum）自立と「最大限の（maximum）」自立の相違である。条約は締約国の義務として「最大限の自立」へむけた努力を課している。しかし、当然のことではあるが、個々の人にとって何が「最大限の自立」であるのかの判断は、当事者と医療関係者（あるいは国）との連携によってなされる必要があり、人間の尊厳の回復に向かっての「最適な」判断が求められる。

第二は、委員会が「時間限定的な」プロセスとしていた点に係る。確かに、いわばリハビリテーション漬けになり、終生の病院通いは避けたいので、その意味では時間を限るのは理解できる。しかし、他方で、終生とはいえ、生涯にわたる断続的なサービスの必要もあるので、条約が時間限定的な条文をとらなかったのは大いに評価できる。この点では個人の判断が決定的に大きな役割を果たすことになる。

なお、正直に言って、第二六条の理解は難しい。私自身のリハビリテーションに対する理解は、一般にもそうであろうと思われるが、機能障害を対象として、それを直接改善しようとするアプローチ、たとえば、運動療法や作業療法によって麻痺《まひ》を回復させたり、言語聴覚療法によって失語症を回復させたりする、いわば機能回復アプローチにあるので、この条文の理解は十分にならない。本条の十全な理解のため、たとえば、上田敏『リハビリテーションの思想（第二版）増補版』（医学書院、二〇〇四）を薦めたい。また、大部ではあるが、千野真一監修『現代リハビリテーション医学』（金原出版、二〇〇九）も参照されたい。

ところで、同条は前述四分野のサービス・プログラムの企画等を、(a)可能な限り初期の段階で開始し、個人のニーズと長所に関する学際的な評価を基礎とすること、(b)地域社会およびあらゆる側面への参加と包容を支援し、自発的なものであり、障害者自身の属する地域社会の可能な限り近くにおいて利用できるものとすること、を定め（同一項）、専門家・職員の研修（同二項）および障害者用の補装具・支援機器でリハビリテーションに関連するものの利用可能性、知識、使用の促進を定めている（同三項）。これらに関する日本の法制としては、障害者基本法、障害者雇用促進法がある。

⑤　労働・雇用

先に改正障害者雇用促進法に基づく「障害者差別禁止指針」と「合理的考慮指針」について触れた。なお、労働・雇用を定める第二七条二項は、障害者が奴隷状態に置かれないこと、強制労働からの保護の確保を規定しているが、同様のことは自由権規約第八条に規定されているものであり、本条の核心は第一項にある。この権利には、障害者に開放され、inclusive（分けられていない）で、かつ利用可能な労働市場・労働環境において障害者が自由に選択または承諾した労働によって生計を立てる機会に対する権利が含まれている。そのため、この労働の権利の実現を保障し、促進するため、締約国は立法その他の適切な措置をとることとし、特に次の措置をとることとされた（日本の場合、あらゆる形態の雇用には福祉労働も含まれる）。

(a)　募集、採用、雇用の条件、雇用の継続、昇進ならびに安全かつ健康的な作業条件等のあらゆる雇用形態に係るすべての事項について、障害にもとづく差別を禁止すること、

(b)　機会均等、同一労働同一報酬を含む公正かつ良好な労働条件、ハラスメントからの保

護を含む安全かつ健康的な作業条件および苦情の救済についての障害者の権利を保護すること、

(c) 労働および労働組合についての権利行使を確保すること、

(d) 一般的な技術・職業指導計画、職業紹介サービスおよび継続的な職業訓練に効果的にアクセスすることを可能にすること、

(e) 労働市場において雇用機会および昇進を促進すること、ならびに、職業を求め、これに就き、これを継続し、および、これに復帰する際の支援を促進すること、

(f) 自営活動機会、起業家精神、協同組合の発展、自己の事業の開始を促進すること、

(g) 公的部門において雇用すること、

(h) 積極的差別是正措置、奨励措置等の適切な政策・措置を通じて民間部門の雇用を促進すること、

(i) 職場における合理的配慮の提供を確保すること、

(j) 開かれた労働市場における職業経験の獲得を促進すること、

(k) 職業リハビリテーション、職業の保持および職場復帰計画を促進すること、である。

なお、本二七条一項に対しては、日本は特に留保を付していないが、ＥＵのほか、英国等

が軍隊または軍隊と警察に関しては適用しないようにする留保を付していることを指摘しておこう（単純に二七条としている国、同一項としている国、および同一項(a)号と特定している国を含む）。

⑥　相当な生活水準・社会的な保障

相当な生活水準の確保を定める第二八条一項は、基本的に社会権規約第一一条の相当な生活水準・食料の確保について認める規定を踏襲している。同第二八条二項は「社会的保障」（social protection）を定めており、一九六六年の社会権規約第一一条第二項が飢餓からの自由に言及していることと対照的である。まず、清浄な水のサービスを利用する均等な機会その他安価な補装具等の援助を利用する機会（同項(a)）、次に社会的な保障・貧困削減計画を利用する機会（同(b)）、さらに、貧困状況下にある障害者・家族への国の経済的援助の利用機会（同(c)）、公営住宅計画利用機会（同(d)）、退職給付および計画の均等な利用機会を定めている。日本については、障害者基本法、障害者総合支援法あるいは特別児童扶養手当等の支給に関する法律などで処置されている。

⑦　政治的・公的活動への参加

自由権規約第二五条は、第二次世界大戦直後の雰囲気を思わせる一九四八年に採択された世界人権宣言第二一条とほぼ同様な文言を用いて参政権を置いた。障害者権利条約第二九条は、これに対し、参政権の保障と権利享有の機会の保障を明確にした。

同条(a)号では、政治的・公的生活に「実効的かつ完全に」参加することの確保、就中《なかんずく》、障害者の選挙権・被選挙権とその機会の確保が明示されている。そのために、(i)投票の手続・設備・資料が適当な、利用しやすいものであること、その理解・使用が容易であることの確保、(ii)立候補し、公職に就くこと、この場合に適当な支援機器等の使用を容易にすること、(iii)障害者の自由な意思の表明の保障、障害者の要請に応じた当該障害者の選択する者による投票援助を認めることが定められ、

(b)号では、政治への実効的かつ完全な参加を保障する環境の促進および政治への参加の奨励を謳《うた》い、(i)国の公的・政治的活動に関係のある非政府機関や非政府団体への参加、政党活動・運営への参加、(ii)各段階での障害者団体の結成・参加が政治参加として認められている。

日本の場合、障害者基本法第二八条で、障害者の円滑な投票のため必要な施策を講じるべき、国・地方公共団体の義務が定められ、詳細が公職選挙法に定められている。

大きな問題となったのは、成年被後見人が選挙権を奪われていたことであった。

周知のように、成年後見制度は、明治以来の禁治産制度に替えて、二〇〇〇年から開始されたもので、高齢化時代に対処すべく、介護保険制度とともに、いわば車の両輪として位置づけられていた。しかし、禁治産制度の下では、禁治産を宣告された者には種々の法律行為が制限され、選挙権を含め約一五〇の「欠格条項」があったとされ、成年後見制度に移行するにあたり、いわば機械的に禁治産制度時代の規定を移行させたものと思われる。こうして被後見人となったばかりに選挙権を奪われた人が公職選挙法の違憲無効を訴え、二〇一三（平成二五）年三月一四日、東京地裁が違憲無効を判決した（平成二三年（行ウ）第六三号　選挙権確認請求事件）。国は異例の速さで、「成年被後見人の選挙権の回復等のための公職選挙法等の一部を改正する法律」（二〇一三年法律第二一号）を制定し、改正法は二〇一三年六月に施行された。二〇一二年末時点で約一三万六四〇〇人に上る人たちが一律に選挙権を回復し投票できることとなった。

⑧　文化的な生活・レクリエーション・余暇・スポーツへの参加

第三〇条は、文化的な生活・レクリエーション・余暇・スポーツへの参加と題し、文化的生活、レクリエーション、余暇、スポーツを並列的に並べているが、第一は文化的生活への参加の保障であり、第二がレクリエーション、余暇、スポーツへの参加である。

文化的生活への参加については一般的に社会権規約第一五条一項(a)で保障されており、障害者権利条約は、利用しやすい様式を通じた機会の提供を保障し（同条一項(a)(b)(c)）、また、自己の創造的、芸術的、知的な潜在能力の開発、活用の機会を可能とする措置を締約国に求め（同二項）、知的財産権を保障する法律が障害者にとって不当なまたは差別的障壁とならないための措置をとることを締約国に求めている（同三項）。

なお、日本には、障害者が行う文化芸術活動の充実を図り、文化芸術活動が活発に行われるような環境整備その他必要な施策をとることを国に義務づける、文化芸術振興基本法が二〇〇一年に成立した（同法二二条参照）。

しかし、特筆すべきは、第四項で障害者が「他の者との平等を基礎として、その独自の文化的及び言語的同一性（手話及び聾《ろう》文化を含む）の承認及び支持を受ける権利」を保障したことである。手話については、本条約第二条、第三条、第九条、第二一条、第二四条および本条に現れる。

従来は、しかし、手話は、手話通訳に見られるように、聴者社会とのコミュニケーションの媒介物として取り上げられてきたのであり、障害当事者の日常言語として、あるいは聾者の生活様式である聾文化として認知されてはいなかったように思われる。たとえば、聾者同士が手話を用いて話をし笑い転《ころ》げたりしているのを見ると、音声がないだけに、音声はあるが理解できない外国語を話し笑い転げている人たちを見るのとは異なり、何か違和感を覚える。それは、私たちが音声言語のみを言語として捉えてきたからであり、私たちの社会が手話を聾者の日常言語として、あるいは聾者の生活様式である聾文化として、認知してこなかったことを示している。

本条第四項が独自の文化的、言語的同一性あるものとして承認・支持していることは、その意味で、画期的である。聾文化は、手話という独自の言語に支えられた独自の生活様式である。

レクリエーション、余暇、スポーツについては、同条第五項で詳細に規定されている。日本では、二〇一一年六月にスポーツ基本法が成立し、環境整備が図られているが、二〇一三年の文部科学省調査によると、過去一年間に週一度以上スポーツ・レクリエーションを行った割合は、成人一般が四七・五％であるのに対し、成人障害者は一八・二％にとどまっている、という。しかし、近年、パラリンピック競技大会をはじめとし、障害者スポーツにおける競技性の向上には目覚ましいものがあり、福祉の観点のみならず、スポーツ振興の観点からも障害者スポーツを一層推進させる必要がある。そうすることによって障害者のスポーツ・リクリエーションへの取り組みが高まり、人間としての尊厳の全面的な開花に資することになる。

(4)　少年、少女、女性の特別の権利保障

障害のある女子が複合的な差別を受けていることを認識し人権を完全かつ平等に享有することを確保するための措置をとることが第六条で約束されている。前述した障害者権利委員会の政府報告指針は、本条に関して、女性の完全な能力開発、向上、エンパワーメントを確保するために締約国がとった措置についての情報を求めており、特に、第一に、障害のある女性・少女のジェンダー不平等が立法上政策上のレベルで認識されているか否か、第二に、障害のある男性・少年と平等な基盤に立ってすべての人権・自由を享有しているか、第三に、障害をもたない他の女性・少女と平等な基盤に立ってすべての人権・自由を享有しているか、を求めている。第一回政府報告書は、障害者基本法が障害者の性別等に応じて障害者の自立・社会参加の施策の策定実施を行う旨の規定（第一〇条一項）を示し、また、障害者差別解消法の基本方針が、障害のあることに加え、女性であることで更に複合的な困難な状況に置かれる場合の配慮の必要を明記している旨、報告している。なお、二〇一四年度にお

いて、婦人保護施設に入所している者のうち、四割が身体障害、知的障害、精神障害あるいは何らかの疾患を抱えているといわれる。

内閣府障害者政策委員会は、政府報告の作成にあたり、障害者基本計画の実施状況の監視を通じて同委員会の意見を反映させることとされており、同委員会は条約第六条に関しては、たとえば、福祉施設での同性介助を標準化するなど、女性に重点を置いた政策立案を推進する必要のあることを指摘している。

第七条は、障害をもつ子どもが他の子どもと平等の基盤ですべての人権自由を完全に享有することを確保するために必要なすべての措置を締約国がとることを定め、その際に、「子どもの最善の利益」を「主として考慮」することを定める（子どもの権利条約第三条一項参照）。また、特に「自己に影響するすべての事項について自由に自己の意見を表明する権利並びにこの権利を実現するための障害及び年齢に適した支援を提供される権利」を有することを確保するための措置を締約国はとることとされ、その際、締約国は、「障害を有する子どもの意見が他の子どもとの平等を基礎とし、その子どもの年齢及び成熟度に従って相応に考慮」しなければならない（子どもの権利条約第一二条一項および二項参照）。

なお、前掲政府報告書は児童福祉法に言及し日本の制度を説明するが、「子どもの最善の利益」には触れていない。

〈補〉高齢者の権利

高齢者という集団は、人種とか、女性とか、子どもとか、障碍《がい》をもつ人とか、社会の他の構成員と比べると、均質的ではなく、きわめて多様であり、定義はない。

国際連合は、一九九〇年一二月一四日の第四五総会決議一〇六号によって、一〇月一〇日を高齢者（the Erderly）のための国際デーに指定した。そして翌九一年の「国連高齢者原則」（UN Principles for Older Persons）（四六総会決議九一号付属文書）が採択され、これらを確認する九二年の「高齢化に関する宣言」（Proclamation on Aging）（四七総会決議五号付属文書）では、高齢女性（older women）、高齢男性（older men）と言及され、六〇歳以上のものを指す"older" persons（高齢者）を用いた。

国連高齢者原則は、自立、参加、ケア、自助、尊厳の分野に分けて、一八原則を謳《うた》った。その第一は、高齢者が、所得、家族・社会（コミュニティ）のサポートおよび自助を通して、適切な食糧、水、住居、衣料および健康ケアにアクセスできるべきであること、第二は労働の権利またはその他の所得獲得機会を得るべきであり、これらは前述の社会権の中に規定されているもの等で、主語を高齢者に置き換えたものと言える。その他、社会（コミュニティ）の一員としてあり続け、自己の福祉や若い世代との知識・技量の共有に影響する政策形成等に積極的に参加し、社会貢献の機会を求め、発展させることやボランティアとして貢献することを可能とされるべきこと等が宣せられ、最後に、尊厳と安全のうちに暮らし、搾取や心身の虐待を受けないこと、年齢、ジェンダー、人種、障碍《がい》その他の地位にかかわりなく公正に取り扱われ、経済的条件とは独立に評価されるべきであることが謳われている。この宣言は、いずれも英語では、法的な権利・義務を扱うときに用いる“shall”ではなく、“should”で書かれており、道義的目標を示すものではあるが、大きな意義を持っている。一九九九年は「すべての世代のための社会を目指して」国際高齢者年とされていた。

さて、WHOによると、高齢者を六五歳以上と捉え、六五歳以上高齢者が人口に占める割合、いわゆる高齢化率が七％を超える社会を「高齢化社会」、一四％を超えると、「高齢社会」といい、二一％を超えると「超高齢社会」と定義している。日本では、「高年齢者雇用安定法」では高年齢者を五五歳以上としているが、「高年齢者の医療の確保に関する法律」

では六五歳以上を前期高齢者、七五歳以上を後期高齢者と捉えており、内閣府『高齢社会白書』もそうである。

高齢化速度を各国で比較すると、高齢化率が七％に達し、その倍の一四％に達するまでの所要年数（倍加年数）は、フランス一一六年、スウェーデン八五年、英国四六年、ドイツ四〇年であるのに対し、日本は二四年である。日本の高齢化速度がいかに速いかが分かる。開発途上地域でも、二〇六〇年予測では高齢化率は一六・八％になる。世界は、急速に高齢化している（内閣府『平成二八年度版高齢社会白書』）。

日本の高齢社会大綱では、高齢者に対する意識改革として、「支えが必要な人」という固定観念の変革を先ず挙げ、社会保障制度の確立、高齢者の意欲と能力の活用、地域力の強化と安定的な地域社会の実現、安全・安心な生活環境の実現、若年期からの「人生九〇年時代」への備えと、世代環境の備えの六つを挙げ、六つの分野別の基本施策をかかげている。これらは、おおむね国際社会の方向性と重なり、時に先取りしている。しかし、さらに、国際社会の先導役としての意識を前面に打ち出すべきであろう。

第二編　国際的履行確保措置

序　履行確保措置とは何か

人権条約は、いずれも、締約国が条約の中で行った約束を履行することを確保するために、実施措置（implementation measures）と呼ばれるものを定めている。これを履行確保措置という。履行確保措置とは、要するに、締約国が条約上の義務を果たすこと、つまり、条約に定める人権保障を、国際社会として実現・確保するための国際的コントロール制度であり、人権の国家的保障の国際的チェック制度のことである。

こうしたものとして、まず挙げられるのは、広い意味での国際世論を集めるフォーラムである。たとえば、国際連合総会であるとか、地域的なものとしては、すべてのヨーロッパ諸国が加盟する欧州協議会の協議総会とか、南北アメリカのすべての国が参加する米州機構総会などがある。

国際連合は、国連総会のほか、経済社会理事会、安全保障理事会もかかわり、さらに国連

国際人権保障機関一覧

- 普遍的機関
  - 憲章機関 Charter-based bodies
    - 総　会
      - 人権理事会 ― 人権諮問委員会
      - 計画・基金（国連開発計画UNDP、国連児童基金UNICEF等）
    - 経社理
      - 人権委員会（二〇〇六年三月人権理事会設立により任務終了）
      - 婦人の地位委員会
    - 安保理
      - 平和構築委員会
      - 実地活動（平和維持PKO、平和創造、平和構築）
      - アドホック刑事裁判所（旧ユーゴ、ルワンダ）
    - 事務局
      - ニューヨーク本部
        - 人道問題調整事務所（OCHA）
        - 平和維持活動局（DPKO）
        - 経済社会局（DESA）
      - ジュネーヴ
        - 国連難民高等弁務官事務所（UNHCR）
        - 国連人権高等弁務官事務所（OHCHR）

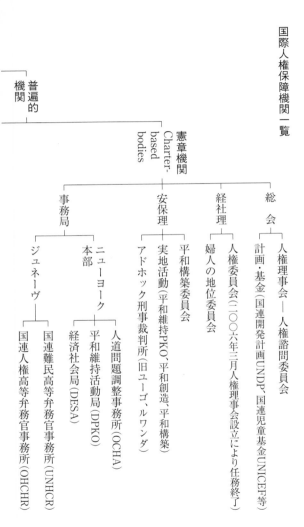

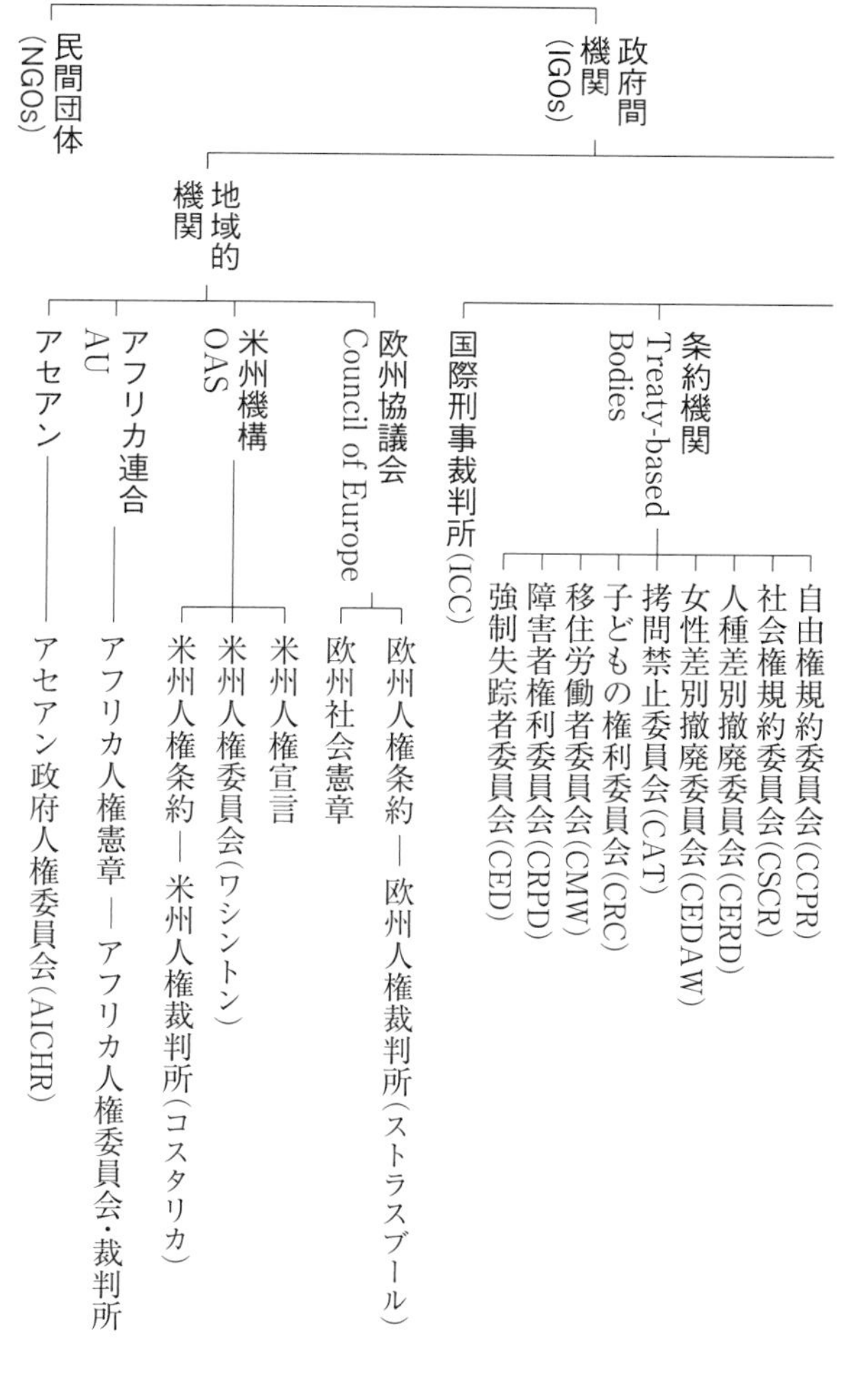
政府間機関（IGOs）
民間団体（NGOs）
条約機関 Treaty-based Bodies
自由権規約委員会（CCPR）
社会権規約委員会（CSCR）
人種差別撤廃委員会（CERD）
女性差別撤廃委員会（CEDAW）
拷問禁止委員会（CAT）
子どもの権利委員会（CRC）
移住労働者委員会（CMW）
障害者権利委員会（CRPD）
強制失踪者委員会（CED）
国際刑事裁判所（ICC）
地域的機関
欧州協議会 Council of Europe
欧州人権条約 ― 欧州人権裁判所（ストラスブール）
欧州社会憲章
米州機構 OAS
米州人権宣言
米州人権委員会（ワシントン）
米州人権条約 ― 米州人権裁判所（コスタリカ）
アフリカ連合 AU
アフリカ人権憲章 ― アフリカ人権委員会・裁判所
アセアン
アセアン政府人権委員会（AICHR）

事務局の人道問題調整事務所（ＯＣＨＡ）、平和維持活動局、経済社会局や国連難民高等弁務官（ＵＮＨＣＲ）、国連人権高等弁務官（ＵＮＨＣＨＲ）がかかわっている。これらの機関は総称して、憲章機関（Charter-based bodies 国連憲章に基礎を置く機関）と言われる。

これに対して、それぞれの人権条約が設けている、自由権規約委員会、社会権規約委員会、女性差別撤廃委員会、人種差別撤廃委員会、子どもの権利委員会、障碍《がい》者権利委員会などは、総称して、条約機関（Treaty-based bodies 条約に基礎を置く機関）と呼ばれる。

これらの機関が行う機能を制度化したものとして、一般的に、締約国からの報告を審査する国家報告制度、国家または個人からの申立を審議する申立制度、さらには、国家または個人からの申立を裁判する裁判制度がある。

これらの制度の周りに、政府が提出する国家報告を吟味する民間団体、個人申立や通報の当事者・支援者等、多くの人たちが関わっている。これらの人たちは、第二次世界大戦後に形をとって現れてきた人権条約体制が国際連帯を基礎とするのとは別に、広く人間の繋がりの中に基礎をもっており、今では国家を超えて世界に広がり、形をとって目に見えてきているので、「ＮＧＯの存在と役割」として、第三編で取り上げておきたい。

第一章　国家報告

国家報告制度は、人権条約加入後、一定期間ごとに、締約国が、条文毎にその条約上の義務の履行状況を報告書にまとめて当該人権条約機関に提出し、その審査を受けるものである。国連の主要な人権条約、自由権規約、社会権規約、人種差別撤廃条約、女性差別撤廃条約、拷問禁止条約、子どもの権利条約、障碍者権利条約は、様々な実施措置を整備しており、いずれの条約も報告を国家に義務付ける国家報告制度を採用している。

最初の報告は、条約当事国になってから一年（子どもの権利条約は二年）以内に提出される。初回以降の定期的報告は、主要人権条約の中で最も早く採択され発効した人種差別撤廃条約は、「その後は二年毎に」と定めるが、条約毎に異なる。

こうして提出された国家報告は、該当する条約機関によって審査され、条約機関による意見が付されて公表される。

各委員会委員は、自由権規約委員会のように「法律関係の経験を有するものの参加が有益である」とされていることのほか、女性差別撤廃委員会や子どもの権利委員会のように「この条約が対象とする分野において十分な能力を有する専門家」とされ、必ずしも法律経験が求められていない委員会もある。しかし、こと条約の履行監視という観点からは多様な経験をもつ委員の存在には大きな意義がある。

国家報告の審査は委員会ごとに異なるが、まず、委員会による質問表が作成され、委員会の会期中に当該政府代表が質問表の質問に答える形式で行われる。これらの形式は、徐々に整えられて、各委員会に統一化の傾向がみられる。審査の後、自由権規約委員会の場合には、委員会が積極的側面の指摘のほか、主要な懸念事項や勧告からなる最終所見(Concluding observation 総括所見とも訳す。外務省仮訳は、最終見解)をまとめ、締約国に送付するとともに、委員会年次報告において公表する。

国家報告制度にはいくつかの問題があり、前述のすべての条約の加盟国にとっては毎年二つの報告を作成し審査を受けることとなり、締約国の負担も大きいことや、当事国による報告書提出の遅れも多くなってきたこと、また、委員会の任務にも重複が見られること等を考慮し、国連総会は、人権機関議長会議の開催の可能性を探り、議長会議は各機関間の情報交換、国家報告のためのガイドラインの協調、締約国への助言サービスと援助について提言し、総会は、隔年に一回の開催から毎年開催、さらには、人権条約機関の委員会間会合が作業方法などの共通関心事項を議論するために開催され、二〇〇八年以降は、とくに人権条約機関の作業方法の改善と調整のための勧告をするために、年二回招集されてきている。

締約国の定期的報告については、各人権機関に提出する報告の形式・内容に関するガイドラインを一巻本にすることが国連総会から求められ、「国際人権諸条約の締約国によって提出される報告書の形式および内容に関するガイドライン集」（HRI/GEN/2/Rev.6）として、まとめられ、二〇〇九年六月三日付けで一般配布された。各締約国はこれにもとづき報告書を作成する。

なお、各委員会への報告のうち、締約国の人口、民族、政治機構、人権保障の仕組み等、共通するものについては、国際人権諸条約にもとづく政府報告書「共通コア文書」（Common core document forming part of the reports of State parties）が提出される。日本の二〇一九年九月の文書（HRI/CORE/JPN/2019）は、外務省のホームページで日本語仮訳が公開されている。

第二章　国際申立

国際申立制度は、締約国による人権条約違反つまり人権違反があった場合に、他の締約国または当該人権違反の被害者がその締約国を相手取って国際機関に申立を提出し、解決を図るものである。申立（applications）は、苦情（complaints）（苦情申立あるいは異議申立ともいう）とも表現され、この制度を最初に採用したヨーロッパ人権条約は。条約条文上は、国家については any alleged brief（違反申立）、個人については petitions（請願）と呼ぶが、実行上は一貫して、国家からのものも、個人からのものも、申立という。なお、米州人権条約は、個人からの請願、国家からの通報（communications）と呼ぶなど、呼び方はいろいろである。

国際申立には、したがって、国家申立と個人申立とがある。申立提出先は裁判所と委員会である。裁判所は欧州、米州、アフリカの地域的人権条約のみが設置している。本書では、裁判所に宛てられた申立を人権訴訟、その他委員会に宛てられたものを個人通報として扱う。

これらの国際申立が委員会なり、裁判所によって受理され本案審査を受けられるために満たすべき条件は、許容性要件（conditions of admissibility、米州では requirements（仏）la condition de recevabilité 受理許容性とも受理可能性とも訳される。日本の民事訴訟法上の訴訟要件に類似する）と言われる。以下、まず、この受理要件について検討する。

一　申立の受理要件

国際申立の制度を採用しているヨーロッパ人権条約、米州人権条約、自由権規約は、それぞれ申立の受理要件を定めている。受理要件は、大別すれば、手続要件と実体要件に分けられ、先ず手続要件としては、国内での救済手段がすべて尽くされていること（国内的救済手続完了の原則）と六カ月以内の提起であること（六カ月原則）、を定める。実体要件としては、明白に根拠不十分な申立は受理されないこと、が挙げられる。ほかに、ヨーロッパ人権条約は、個人申立につき匿名、一事不再理および他の国際調停・解決手続に付されたものと実質的に同一のもの、権利濫用、明白に根拠不十分なものは審理されない。自由権規約も、匿名、濫用でないこと、他の国際調査・解決手続で検討中でないこと、を定め、米州人権条約もほぼ同様に規定する。

なお、これらの受理要件のほか、当該委員会または裁判所が人的、物的（事項的）、時間的、場所的管轄を有していることが必要であることは言うまでもない。

(一)　国内的救済手続完了の原則

この原則を最初に導入したヨーロッパ人権条約が「一般的に認められた国際法の原則に従って」と言っているように、国際法上の原則が人権条約に採用されたものである。

この原則は、元来、国際慣習法上の原則であって、外国私人が国家による損害を受けた場合、当該国家の法制度の中に裁判等の救済手段で外国私人に開かれているかぎり、それを尽くすまでは私人の本国である国家は在外自国民外交的保護権を発動しえないとするものであって、領域国の主権を尊重しつつ、外国私人と国家との紛争が私人の本国たる国家と当該国家との国際紛争に容易に転嫁し、拡大することを未然に防止しうる機能を果たしているものである。

そこで、人権条約では、人権の国際的コントロールを行うにあたり、加盟国の主権尊重の上に、被告国家がまず自国の国内法制度の中で、自らの手段によって、個人になされたと申し立てられている損害を救済する機会をもたなければならないという原則となった。尽くすべき国内救済手段とは、したがって、理論的にも実際的にも利用可能な、当該請求に対して救正（remedies）を提供する可能性のある、しかも妥当な成功が見込めるものでなければならない。したがって、裁量的なもので特別のものは尽くす必要がない。また、一般に認められた国際法の原則によれば、本原則の適用を除外する事情として、請求目的に対して「不十分」なものや「非現実的」なもの、たとえば、既判事項であるとき、確立した判例のあるとき、裁判の不当な遅延のとき、がこれに当たり、尽くす必要がない。

㈡　人権機関の人的、物的、時間的、場所的管轄

人的管轄　当該締約国が選択条項を受諾していることのほか、当該国に責任が発生する作為・不作為が当該国に帰属することが必要である。

物的管轄　当該違反申立が条約の定める人権にかかわること。ただし、前に述べたよう

に、自由権規約第二六条（法の前の平等）はそれ自体が独立した自立規範であるので、主張される違反の内容が社会権に関するものであっても、締約国の法律等に係る差別を扱うものであれば、裁判所や委員会に管轄が認められる。

時間的管轄　批准その他当該締約国が最終的に拘束されることにつき合意した日以降であること。ただし、主張される人権違反それ自体の発生が批准等以前であっても、批准等の後も権利違反が継続的状態にあるときは、管轄が認められる。

場所的管轄　違反の場所が当該国の管轄下にあること。ただし、自由権規約第二条の「その領域内にあり、かつ、その管轄下にある」の文言について、「かつ」を加重要件としてではなく、「かつ／または」と解する自由権規約委員会の解釈・実行については、私自身はこの委員会の解釈・実行を支持するが、争いがある。

二　人権訴訟

国家からの中立を国際機関が審議する権限に関しては、ヨーロッパ人権条約は、当初、実施機関として委員会と裁判所の二つを設け、委員会への国家中立は当然に特別の合意なく認められ、義務的とされたが、裁判所の管轄は任意的なものであった。現在の改正ヨーロッパ人権条約では、委員会と裁判所は一体化され、国家からのものも個人からのものも裁判所の管轄は義務的とされた。

これに対し、米州人権条約では国家中立に対する裁判所の管轄も、委員会の管轄も任意的である。なお、米州人権裁判所に対する提訴権者は、締約国と米州人権委員会に限られているが、二〇〇一年一一月の裁判所手続規則の改正によって、裁判所の争訟手続に犠牲者等が参加する道が開かれた（芹田著作集第五巻『欧米の揺籃期国際人権保障』参照）。

三　個人通報

個人の申立権についてはヨーロッパ人権条約の場合には任意的とされたが、自由権規約の場合は、国家中立の審査権限を自由権規約委員会に認めるかどうかについて、任意的とするか義務的とするかのほか、そもそも必要であるかをめぐって、当時の西側諸国と東側諸国の間に鋭い対立が見られ、現在の自由権規約第四一条は妥協の産物であった。個人申立につ いては、個人に国際法主体性を認めるかどうかという理論的な問題も加わり、自由権規約の一カ条として制度化することには猛烈な反対があり、最終的に、自由権規約とは別個に選択議定書による制度化であれば認めてもよいという国々が多数となり、選択議定書方式が日本を含む賛成多数で採択された。

通報提出権者は「議定書の当事国の管轄に属する者」であって、「規約に掲げられている諸権利のいずれかの侵害の犠牲であると主張する個人」である。日本は選択議定書の当事国ではない。

通報が受理されるには、国内的救済手続きを完了していることのほか、既に検討した受理要件を満たしていなければならない。

自由権規約、拷問禁止条約、人種差別撤廃条約、に共通のモデル苦情申立様式（Model Complaint Form）には、申立人に関する情報（名前、国籍等）、関係国／違反条文、国内的救済完了／他の国際手続への申立、苦情申立の事実、証拠書類リスト（苦情申立の写し）の五項目について記載することが求められている。

最後に、仮保全措置（英：interim measures 仏：mesures conservatoires で、政府公定訳は

「暫定措置」であるが、国連憲章で政治的文脈で用いられる「暫定措置」と紛らわしく、日本で一般的に用いられる「仮保全措置」を用いた）について触れておこう。

仮保全措置は、第一次世界大戦後に誕生した常設国際司法裁判所から採用された付随手続であり、その後身の国際司法裁判所が二〇〇一年のラグラン事件判決で明示的にその法的拘束力を認めた。

ラグラン事件は、ドイツが自国民である在米のラグラン兄弟が死刑判決を受け執行されてしまったが、領事条約上の権利――自国民が逮捕・拘禁された場合、接受国から通報を受ける権利――を侵害されたとして、接受国米国を国際司法裁判所に訴え、死刑執行停止の仮保全措置を申し出て、裁判所が事態の緊急性からこれを認めたのに対し、死刑が執行されてしまったものである。

さて、この仮保全手続は、自由権規約委員会の個人通報手続にも採用されている。この手続は、圧倒的な数の事件で委員会により要請され、遵守されてきた。拒否された著名なものとして、アッシュビーの異議申立がある。アッシュビーは死刑判決を受け、委員会はその異議申立を受理し、委員会の決定が出るまでの間、死刑執行停止をトリニダード・トバゴ当局に求めたが執行されてしまった。委員会は、要請を遵守しなかったトリニダード・トバゴに対し、義憤を表明する公式決定を行い、次のような見解を発表した。

「当事国が規約のいずれかの違反を主張する通報の委員会による審議を妨げ、もしくは消失させせる行為、または委員会の審議をムート化させ、およびその見解表明を無価値かつ無駄にさせることに従事する場合には、規約上の違反は別として、選択議定書上の義務の重大な違反を犯すものである」。

トリニダード・トバゴの行為は規約および選択議定書の当事国に要求される最も基本的な誠実ささえ示していないショッキングなものである、とした。結局、トリニダード・トバゴは選択議定書から脱退した（詳細は、芹田前掲『国際人権法』参照）。

第三章　人権条約機関の決定の効力

一　一般的意見、最終所見および個人通報に対する見解の意義と概要

国際人権条約は義務的報告制度を設けているが、条約毎に相違があるため、自由権規約に代表させて問題を取り上げる。

自由権規約によれば、締約国は「この規約において認められる権利の実現のためにとった措置およびこれらの権利の享受についてもたらされた進歩に関する報告を提出する」ことを約束した（四〇条一項）。報告書には「この規約の実施に影響を及ぼす要因および障害を記載する」（同二項）とされ、自由権規約委員会は報告書を検討し、「適当と認める一般的な性質を有する意見を締約国に送付しなければならない」（同四項）。さらに、選択議定書の当事国は、個人からの通報を同委員会が受理し審理する権限を承認しており（同議定書一条）、そし

て、同委員会は「関係当事国および個人に対して見解を送付しなければならない」（同議定書五条）。

(一)　一般的意見（General Comment）

自由権規約委員会は、締約国からの第一回報告や第二回報告、場合によっては追加情報や追加報告を得て審査した経験から、「締約国が自国の報告義務を履行するのを支援する希望」をもって、一般的意見を発表してきた（最近のものは、二〇二〇年七月二三日に採択された、平和的集会の権利に関する一般的意見三七号（CCPR/C/GC/37）である）。

内容的には、ジェネラル・コメント（General Coment GC）という英語表現に示されるように、自由権規約委員会が編集した注釈書（コメンタリー）となっている。自由権規約委員会自体が編集したという意味では。研究者編集の個人的なコメンタリーと異なり、ある種の権威をもつものとなっている。

(二)　最終所見（Concluding Observation）

締約国が提出する定期報告書に関する自由権規約の審査については先に触れたとおりであ

り、具体的には、事前質問に対する政府回答、一般的コメント、逐条的報告その他からなる報告に関して政府代表団と質疑応答を行った後に、自由権規約委員会のまとめとしての最終所見が作成される。内容的には、序論、肯定的側面、主な懸念事項および勧告からなる。

こうした自由権規約委員会の評価の基準は何か、と問えば、それは自由権規約委員会が各国政府からの報告審査や個人通報審査の経験から積み上げてきた一般的意見（Genaral Comment）である、と言えよう。

(三)　見解（View）

見解は、自由権規約の選択議定書当事国にのみ関係している。選択議定書は、当事国の管轄に服する者が当事国の人権侵害の犠牲者であると主張する個人からの通報を受理し、審査する自由権規約委員会の権限を認めている。

個人からの通報に対して、自由権規約委員会は、まず、自己の管轄権の有無、次いで、その通報の許容性を確認し、通報の審査を進める。

自由権規約委員会は、このように、管轄の有無、許容性に関する決定をしたうえで、事案の本案の審査を行い、本案に対する判断である「見解」を出す。この見解は、「関係当事国および個人に送付しなければならない」（選択議定書五条四項）。また、同委員会は、国連経済社会理事会へ提出する「年次報告の中に、本議定書による活動の概要を含めなければならない」（同六条）。こうして、われわれは「年次報告」の中に、選択議定書による自由権規約委員会の判断の概要を知ることができる。

二　一般的意見、最終所見および個人通報に対する見解の法的効力

自由権規約委員会は裁判所ではないので、その決定が直ちに司法判断としての法的効力をもつことはない。一般的意見は、ほぼすべての条文に関わり、条約で認められる人権についての自由権委員会の公式の解釈と見なされることについては前述したとおりである。政府報告書に対してなされる最終所見は、締約国が条約上の人権実現のためにとった各種措置に対して、自由権規約委員会が一般的意見にもとづいて行った評価であり、勧告は実現されることが望ましい。

個人通報に対する見解で、国家に違反なしとする決定である見解は、もはやそれ以上の審

査を求めることができない、という意味において、最終的な判断として法的拘束力をもつ。

自由権規約委員会が人権規約違反と認定した場合はどうか。

一般国際法上は、国家の国際違法行為が認定されると、その責任解除のために国家が採る措置、侵害を償う広義の賠償（reparation）には、原状回復、金銭賠償および満足（satisfaction）（精神的満足あるいはサティスファクションとも訳される）があり、自由権規約委員会も「選択議定書上の賠償措置（measures of reparation）に関する指針」（CCPRC/C/158）において一般国際法と同様の措置を採択している。内容的には、原状回復、金銭賠償、満足のほか、リハビリテーション、再発防止の措置がある。

「リハビリテーション」は、犠牲者またはその家族に対する医療的または心理的治療あるいはそうした治療に必要な支払いのための基金の提供を締約国に求めることである。

「満足」は、とくに強制失踪、殺害、拷問の場合に、調査の実施を求めたり、判決の無効化、減刑あるいは執行停止を求めることであり、原状回復や金銭賠償のみでは償えない大規模あるいは組織的侵害の場合に公式謝罪を求めたり、記念碑の建設・記念の額や銘板の設置・街路や広場の名称変更を求めることである。国家間で伝統的にとられてきたのは、一般国際法上、公式謝罪や相手国国旗を掲揚し、国旗に敬礼を行うなどがそれにあたる。

「再発防止の保障」には、法令等の改正のほか、国際基準に合わせた拘置所の条件整備、公的手続・慣行の変更、法執行官や司法・医療・行政職員の研修や意識向上のための措置を求めることなど、である。

これらの措置については、国家の定期報告の審査にあたって、最終所見において、懸念事項として示されることがある。

なお、自由権規約委員会は、これらのいずれかの措置を決定するための参考に、どのような救済措置を求めるかを自己の中立の中に含めるように、通報者に対して、助言している。このことによって、被告政府はとくにその論点についてコメントが求められることになる。

なおまた、言うまでもないことであるが、自由権規約委員会が締約国に救正を求める法的根拠は、自由権規約第二条において締約国が引き受けている義務にある。

三　最終所見および個人通報に対する見解のフォローアップ手続

(一)　最終所見についてのフォローアップ手続

最終所見についてのフォローアップ手続は二〇〇一年に始められた。二〇〇三年には人権条約機関会合において、すべての条約機関がこの手続の設立可能性を探るように勧告した。二〇〇九年にはこの勧告を再強調し、この手続が国家報告制度の不可欠な一部であることが指摘された。

「最終所見のフォローアップ手続に関する自由権規約委員会覚書」(CCPR/C/108/2 21 December 2013) によれば、まず、二年の任期で正・副の特別報告者が任命される。その任務は、最終所見の採択からフォローアップ手続きの終了まで広範にわたる。委員会がフォローアップ勧告を採択する際の基準は、第一に、フォローアップ勧告後一年以内に勧告が実施可能なこと、第二に、事態の重大性、つまり、無為であることが規約の実施に大きな障害となったり、生命・安全を脅かしたりする事態の緊急性があること、である。

勧告に対して締約国は、一年以内にフォローアップ報告またはフォローアップ返答をしなければならない。締約国のみならず、すべての関係者、国内人権機構やＮＧＯ等も、フォローアップ報告を提出できる。締約国からの報告を受領し、すべての関係者からの情報に期限がくると、事務局によって第一次分析が採択され、これが特別報告者によって承認され、フォローアップ進展状況報告（the follow-up progress report）に含まれ、次回の委員会会期で審査されることになる。フォローアップ勧告の実施のモニターの基準は、締約国の「協力の程度」および採られた措置の「性質とインパクト」にあり、五段階で評価され、返答・行動が(A)満足、(B)一部満足、(C)不満足、(D)協力なし、(E)採られた措置が委員会勧告に反する、である。

このように委員会と締約国との間の「建設的会話」によって、自由権規約の実効性が高められていくことになる。

さらには、自由権規約の先例は、欧州人権裁判所、米州人権裁判所の判例と相俟《ま》って、類似した権利には法的判断に同一化傾向が見られ、世界的な「判例」の集積の様相を呈してきており、この事実の重みについて指摘しておきたい。

㈡　個人通報に対する見解のフォローアップ手続

自由権規約選択議定書にもとづいて提出される個人通報に対して自由権規約委員会が採っ

た見解に関するフォローアップ手続は、自由権規約委員会の見解が締約国によってどのように実施されているか、遵守状況を調査・確認する手続であり、見解の実効性を確保しようとするものである。そのため、委員会は、自由権規約第二条の締約国の義務を基に、締約国に対して、個人通報に対する実効性を与えるために採る措置に関する情報を「一八〇日以内に」提供するように求める。また、委員会は見解に関するフォローアップをモニターするための特別報告者を指名する。

特別報告者は、締約国、通報者の提供するすべての情報を基に報告書を作成する。二〇一六年の評価基準によると、評価は、(A)きわめて満足な対応、(B)行動はとられたが追加情報や措置が求められる、(C)回答は受理したが、勧告に関連しないか実施しない行動や情報である、(D)催促したが無回答、(E)情報や措置が委員会勧告に反するか拒否表明するもの、である。

委員会はフォローアップについて、見解の採択日・違反条文・救済態様・本案内容・通報者、締約国の中立を簡略にまとめたうえ、委員会の評価を、実効的救済や十分な補償、見解の公表状況、再発防止等について、(A)から(E)の評価を記している。そして、フォローアップ対話の継続やフォローアップ手続の停止を決定し、公表する。

第三編　ＮＧＯの存在と役割

第一章　ＮＧＯとは何か

一　国連とＮＧＯ

ＮＧＯという言葉は、国際連合の社会協力を扱う経済社会理事会の任務の一つとして次のように定めたことから人口に膾炙《かいしゃ》するようになった。

「経済社会理事会は、その権限内にある事項に関係のある民間団体（non-governmental organizations）と協議するために適当な取極を行うことができる。この取極は、国際団体（international organizations）との間に、また、適当な場合には、関係のある国際連合加盟国と協議した後に国内団体（national organizations）との間に行うことができる」。

この規定は国連憲章の草案であるダンバートン・オークス提案の中には見られず、当時の米ソの妥協の産物である。

米国は、第一次世界大戦後の国際連盟設立を主導しながら上院の同意を得ることができなかった経験から、早くから国民の支持と関心を得ることに腐心し、政府代表団の中に、ソ連の影響の強い世界労連に加盟する産業別労働組合と反共のアメリカ労働総同盟の双方の代表が米国代表団顧問に就いており、他方ソ連は、国際連合設立のためのサンフランシスコでの連合国会議に正式代表またはオブザーバーとして、世界労連代表を招請させたかったが拒否され、そこで、「国際団体」と「国内団体」の語句が書き込まれることとなった。

NGOについての定義はない。一般的には、政府や政府間協定によって設置されたのではない団体を言う。具体的には、明確な使命遂行の意思をもち、共通の関心をもつ人たちによって支えられた非営利の市民団体を指す。政策提言をしたり、政府の政策実施を監視したりする団体のほか、人権や環境や保健などに関心をもち、活動する人たちや、災害支援をする人たちなど、社会のために何かをしたいと願うボランティア・グループがその基礎となっている。

経済社会理事会はこうした団体との間で「協議」を行うことができるものとし、多くの団体から選ぶための基準として「協議資格」を設け、経済社会理事会のNGO委員会が審査している。現在は、統合、特殊、ロスターの三部類に分けて審査される。協議資格をもつNG

Oは、資格に応じて国連の各種の活動に参加できる。

二　NGO――市民運動の始まり

NGOは、人々の繋がり＝社会の中で育ってきた。人々の集まり、社会の中に、人々の生活をまとめる人が現れ、「統治」が生じる。

歴史を振り返ると、統治する者の数により、独任制、寡頭制あるいは王制、貴族制、民主制などとされ、統治する者と統治される者とに分かれ、人びとは「統治」の下に、人類誕生以来、土地を基盤に、日、週、月、季節、年で過ごす生活を繰り返してきた。人類史の中で、現代に繋がる大変動は、一八世紀に始まる産業革命、市民革命によってもたらされた。

人が生まれながらに土地と結び付けられていた封建社会から解放され、自由に経済活動を行うことのできる経済社会に入り込んだところに、今日の資本主義社会の出発点があった。しかし、資本主義の高度化が富の偏在、生産手段をもたない労働者の貧困を生み出し、最初の産業革命が産業の変革とそれに伴う社会構造の変革を生み出すことになった。また、フランス革命の影響は大きく、最初に産業革命を経験したイギリスは、同業組合にとどまらない労働組合の結成、労働運動を生み出し、チャーチストたちが、議会体制への労働者たちの不満を吸収し、選挙法改正と救貧法改正に揺れていた。今日の生活協同組合の原型となるロッジデール先駆者協同組合（Rochdale Pioneers Co-operative）は、一八八四年にイギリス・マンチェスター郊外に最初の店舗が開かれ、青年の健全な教育を目指したＹＭＣＡも、同年にロンドンで設立された。なお、生活協同組合がイギリスを中心に発展したのに対し、現在のＪＡが総合農協として発展する起源となったのはドイツ南東部に一八六二年に生まれた貸付組合（のちに農村信用組合）であった。

なおまた、フランス革命は国家と教会を分離し、教育も国家が担うことになり、教育を受けられない子どもたち、とくに女子に、修道会が多く教育機会を提供することとなった（日本でもよく見られる、たとえば、カトリック教会の女子修道女会のミッションスクール）。こうして、フランス革命は中間団体を否定し、国家と個人を直接結びつけた。

他方、米国は、一七世紀初頭からの移民が各地でコミュニティをつくり、一七七六年七月四日にイギリスから独立を宣言したが、連邦政府成立以前から、市民たちは自ら道路、学校、消防署などコミュニティに必要な施設や仕組みを創り上げてきた。このように、連邦政府はもともと小さな政府であった。また、二〇世紀初めには私財を提供し、ロックフェラー財団、フォード財団などの助成財団（foundation）が形成されたほか、メトロポリタン美術館やハーバード大学もＮＰＯ（非営利団体）である。ＮＰＯもＮＧＯの一種であるが、ＮＰＯはアメリカ発であり、日本の特定非営利活動法（いわゆるＮＰＯ法）を理解するにも、アメリカのＮＰＯ理解のためのアメリカの税制理解が不可欠である。アメリカ発のＮＰＯは、非政府つまり民間の組織で、株式会社等の営利企業とは異なり、利益を関係者に分配しない組織のことである。

現在、市民・住民は、教育、医療、福祉、災害支援等多くの分野で活動するようになった。学校、病院、老人ホーム、子ども食堂などを経営する団体や国際協力・交流団体など、まさに多様である。今日では、営利企業についても社会的責任（ＣＳＲ）が問われ、社会貢献の度合いによって投資先を考慮する投資家なども現れてきており、経営型のＮＰＯの場合、企業との競争も熾烈である。

三　ＮＧＯの法的地位

ＮＧＯは国際ＮＧＯと国内ＮＧＯに分けられる。

国際ＮＧＯの法的地位

国際ＮＧＯについて法的地位に関する一般的な取り決めはない。ヨーロッパには「国際ＮＧＯの法人格に関するヨーロッパ条約」があり、この条約により、条約当事国は、当該団体が事務所を置くいずれかの当事国において取得された法人格を承認することに同意している。本条約の諸規定から利益を得るためには国際ＮＧＯは、次の条件を満たすことが求められる。第一に、国際的に有用な非営利目的を有すること、第二に、いずれかの当事国の国内法文書によって設立されていること、第三に、少なくとも欧州協議会構成国を含む二国において実質的活動を行うこと、第四に、いずれかの当事国の領域内に事務所をもち、同国または他の当事国において中心的な経営と管理を行っていること、である。

国内ＮＧＯの外国における法的地位

各国国内法は、活動分野の多様性に応じて特別法を定めている。日本の場合、学校法人、医療法人、社会福祉法人、NPO法人等、また古くからの歴史をもつ消費生活協同組合等、それぞれに制定された法律にもとづいて設立されている。同じく公益を目的にしていても、社団法人と財団法人の相違は、中心が、「人の集まり」か「財」かによっている。京都にある世界人権問題研究センターは公益財団法人、自由権規約委員会にカウンターレポートを提出している自由人権協会は公益社団法人、大阪にあるアジア太平洋人権情報センターは一般財団法人である。いずれも国内法によって法人格と法的権利を承認されたNGOである。しかし、欧州条約のいうような国際NGOではない。代表を務めたNPO法人CODE海外災害援助市民センターは、海外の被災地ハイチやネパールや中国、インドネシア等に住宅建設や学校建設等も行ってきたが、現地事務所はもたず、現地でパートナーを探し彼らと協働してきている。

さらに、国際的に活動するNGO、とくに緊急事態、自然災害、人為災害、紛争災害であるかを問わず、外国で活動するには、現在の国際社会が主権国家を単位として出来上がっている以上、国境を越える活動は出入国に関して、まず、国家主権と対立する。民間の支援が国境の壁に阻まれて被災者の許に届かない。国家間では内政不干渉の原則が働くので、より強く問題が発生する。

よく知られているように、内戦のような紛争災害に介在するPKOの場合、関係当事者の同意の上で、いずれの当事者にも偏ることなく、行動は行われなければならない。殊に、内戦が生み出す難民の保護に多大の貢献をしている国連難民高等弁務官の活動実績には、国際機関ではあるが、注目すべきものがある。このことは、NGOに関しても同様であり、被災国、被災者、支援国・団体、の三者の関係の解明が問われなければならない。

国際連合はこの問題に対応すべく、国連国際法委員会が条約草案を準備し、「関係者の不可欠な必要を満たし、災害に対する適切かつ実効的対応を促進することを目的」とし、「災害時における人の保護に関する条約草案」(draft articles on the protection of persons in the event of disaster) を二〇一四年の同委員会六六会期に第一読会で採択した (ILC Report A/69/10、テキストは同八六頁以下)。同条約草案は「国以外の支援主体」として「関連NGOまたはその他被災国外のいずれかの団体もしくは個人」が含められ、民間団体と個人に言及されている。

災害時の人の保護に関して、何よりもまず、「人間の尊厳を尊重し保護しなければならない」とされ、そして、「対外支援を求める被災国の義務」「対外支援に対する被災国の同意」(対外支援には被災国の同意が原則、同意の恣意的撤回の禁止、支援の提供がなされた場合可能な限りこれを周知させる被災国の義務) を謳《うた》うことによって、現実のネックを取り除こうとしている。

条約草案は人道原則を置き、「災害への対応は、人道、中立、不偏の原則に従い、および非差別に基づき、とくに弱者（the particularly vulnerable）の必要を考慮して行う」と宣言する。この原則は、あきらかに、国連平和維持活動（PKO）以来の流れに由来する。しかし、NGOは、支援規模は国家に比肩しうるものではなく、全被災者にかかわらなければならないものでもなく、中立・不偏原則の適用には疑問が残る。NGOの場合、支援対象として選んだ被災地や被災者の中での差別は論外として、そもそもの最初から被災地や被災者の選択に不偏であることを原則とすることは難しい（具体的な活動の例としては、芹田前掲書『国際人権法』参照）。

NGOの具体的な活動はさまざまであるが、被災者の生活に目を向けるとき、被災国の法制の中で働くことになる。一律規格の住宅や製品を持ち込むことは、生活の基盤の大規模な変更を余儀なくさせたり、伝統文化を破壊することともなり、好ましいものではない。しかし、国家間に結ばれた人権諸条約の網は、今では、世界を覆う人類社会の権利章典となっており、国際人権法の掲げる基準は、世界のひとりひとりのものである。NGO、市民社会は側面から国際人権の実現を担っており、それにふさわしい法的地位を与えられるべく働き、獲得しなければならない。

第二章　NGOは誰を代表するのか

一　民主主義と国民代表

国民代表概念は英国に生まれ、一七世紀以来徐々に確立されたが、代議士が全国民の代表であって、選挙区の訓令に従って拘束されるべきではない、という意味では、一八世紀になって確立した。フランスではフランス革命以降である。

近代民主主義の代議制では、それぞれの実定憲法に従って、多くの場合、一定の選挙区から選挙によって選出された議員が全国民または全人民を代表する。

日本の現行憲法の解釈論としては、佐藤幸治は、代表制の類型を分析しつつ、「実在する民意を忠実に反映しつつ、同時に自ら独自に統一的な国家意思形成を行うことを目指す代表観」をとっていると解し、樋口陽一は、政党ほかさまざまの中間団体が役割を分担しつつ、多元的に分岐した国民の意思を国家的合意にまで合成することは「代表」の積極的規範意味の実現に貢献する、と言う。

ここで憲法論を展開する用意も意図もない。確認しておきたいことは、国民代表が、自己の政党、社会階級、利益団体、その選挙人から独立して、何が全国民の福祉に不可欠なものとして要求されているのか、を考え抜くことが求められており、まさに公益を担っていることである。

さらに確認しておきたいことは、今日の国家を構成員とする国際社会では、民主国家であるか否かを問わず、国家は自己の目標を定めて行動するものであり、国家目標には、大まかに言って、自国の経済発展や軍事力の維持・拡大など、他国を排し自国の価値を維持・増大させる目的をもつものと、平和や正義の実現、環境の維持・人権の促進、国際機関の創設など、協力的で相互利益の形成を目指すものとが区別される。今日の国際社会が高度に相互依存的であり、国際連合において再々言及されてきているように、世界のかかえる戦争・貧困、・環境破壊などを考えると、後者の国家目標が極めて重要であることは言うまでもない。したがって、いずれの国家も自国の国家目標を設定し、設定された国家目標の達成ために他国との間で相互に利益を調整し、処理していく全過程の中で、単に自国民を代表するのみならず、人類を代表することにもなっていること（国益と人類益との相克）にも意を用いるべきである。

二　議会制と政党

日本では、中間団体である政治団体は、政治資金規正法で規定されている。政党はこれらのうち、一定数の議員等を有するもの、である。

ところで、議会制はその本質上、絶対君主政に反対するものであり、近代的な意味での国民代表概念の古典的な表現を与えたものとして知られるフランス革命時のシェイエスは次のように言う。

「市民たちはその仲間のある者にその信頼を与えることができる。彼らが自分たちよりも一般的利益をよく知りその点についてかれら自身の意志をよく解釈しうる代表者を指名することは共同福利のためになる」。

さて、現代国家においては政党の役割は大きい、代表は「自己の所属する政党」からも独立していることを必要とする旨前述したが、現実には、政党の支持のもとに当選する議員は、議会において、所属政党の統制を受けつつ活動する。しかし、これは代表制に反することはないのか。党議の意味、党議拘束の範囲、強制等について吟味が必要である。

議会の審議は公開の自由な審議でなされ、議決は単純多数または三分の二以上の特別多数の多数決でなされる。

審議内容が「公益」をめぐる対立であれば、多数を握った側の主張は表決により公認の「公益」となり、少数側には「公益」は認められない。しかし、もしこれが生活をめぐる対立であれば、少数者の生活や生命はどのようになるのか。政治の目標は、「最大多数の最大幸福」の実現にあるとされるが、それでも、少数者を切り捨ててよいのか。ここに少数意見に耳を傾ける制度の必要が生まれる。

三　最大多数と最後の一人

選挙の社会学的意味

現実の議会制は、英米の二大政党制、イタリアやかつてのフランスのような複数政党制であれ、選挙で国民の意見が表明され、議会には大まかな意見分布が現れる。日本の国政選挙の投票率は、総務省によれば、衆議院議員選挙で平均的に七割程度、参議院議員選挙で六割程度である。つまり、投票所に足を運ばない人たちが常に三割程度存在している。この人たちの意見は議会には現れない。

この人たちの核になる部分には、投票所に足を運べない人たち以外に、確信的な棄権者や自己都合を優先させる者等、いわゆるフリーライダーも存在する。しかし、このことは、逆に、日本には国政選挙の投票に常に赴く、穏健な多数派を構成する国民層が存在することをも示している。これら国民層の意見が議会における多数派・少数派のいずれを構成するかを問わず、ここに表されているのは、いつでも同じ社会層であることを意味する。敢えて単純化すれば、経験的にも、こうした多数派はいつでも強く、仕合せなのであろう。だからこそ社会の安定要因として、安定的中間層の大切さが説かれる所以である。

一人のつぶやき

議会制は、しかし、各種の中間団体を通じて集約される意見が反映されることがあっても、議会に表れない意見は、見ない。その意見をもつ人びとは切り捨てている。意見の表明どころか、意見の表明さえできない。つまり、足を踏んづけられていても、痛い！という声さえ挙げられない人の存在は消されている。痛い！という声を、代わって、挙げる存在が必要である。これは、ＮＧＯのもつアドボカシー advocacy（擁護、政策主張提言）役割である。

小さき人、弱き人、それを国連宣言「アジェンダ２０２０」は「最も脆弱な人」（the most vulnerable）と呼んでいる。小さな子どもに耳を傾けるには、腰をかがめて小さくなる、弱い人のためには弱くなることが求められる。

人のつながりとその代表

他方で、人間は他の人と繋がっており、この人のために働くことを目指す人が必ず一人は存在する。すでに確認されてきているように、人間は社会的動物であり、社会をつくるので、社会の中で働く人のことを、後に触れるように、「公益」のために働く人と抽象化した。しかし、先ず人間が国家より先に存在した。だから国家の枠組みによる縛りより、人間の繋がりの方が強い。そのため、人はやすやすと国境をも越える。ここに中間団体としてのＮＧＯの存在の根拠がある。ＮＧＯは人間の連帯を代表し、誰にも代表されていない一人の人間を代表する。

第三章　最後の一人

二〇一五年九月、国連総会は、「アジェンダ２０２０」を採択した。これは、「最も貧しく最も脆弱な人の声」(the voices of the poorest and the most vunerable) に特別の注意を払いながら市民社会その他の利害関係者との間で行われた二年以上にわたる公開の協議および関与の結果」、一七項目の目標とターゲットを宣言した。そして、この目標とターゲットを実現するための偉大な共同の旅に出るに当たり、われわれは「誰一人取り残さない」(no one will be left behind) と誓約したのである。

周知のとおり、われわれの社会は、ここに一〇〇人いるとすれば最大多数は九九人である。われわれの民主主義では最後の一人はどうしても切り捨てられる。しかし、経験的に、たとえば災害救援の現場では、最後の一人が救出されるまで、費用対効果などを考えないで、見守る。そして救出されると安堵する。これは最後の一人の重さである。

ところで、「最大多数の最大幸福」という考えは、一八世紀から一九世紀にかけて生きたイギリスのベンサムの立法原理としての主張であり、万人の権利の拡大を望み、階級的な少数の特権階級社会という古い前提を廃止するのに役立ったし、政治的には、ベンサムはイギリスの急進主義の指導者として、意図せずに社会主義学説への道を用意した人として評価されている。

さて、教育刑主義をとったことで知られる東京帝国大学法科大学教授牧野英一に『最後の一人の生存権』という著作がある。関東大震災を生きた牧野は、一九二四年八月の札幌の家庭学校記念講演を基にしたこの論考の中で、第一次世界大戦後のドイツのワイマール憲法と日本の動きに関し、主に所有権と契約の自由の変容を取り上げ、社会政策的な方向が著しいことを指摘している。たとえば、地主家主に無闇な追い立てを禁じた大正一〇年の借地借家法と、さらにこれを拡大した翌年の借地借家調停法が関東大震災に際して発揮した意味を「人人の住居と営業とが地主と家主の所有権によって著しく脅威された」が、「住民と営業との為に、ともかくも、安定を全うし、復興の基礎を築いたのは借地借家調停法のおかげであった」と言う。この調停の結果を基礎として、大正一三（一九二四）年に借地借家臨時処理法ができた。

牧野は、生存競争との関連では、従来、慈善事業と言われ、次いで、救済事業とされていたものは、いずれも、「所有階級の温情の発露」と見るべきものに過ぎず、今では、社会が社会として社会全体のために経営する事業となった、と考え、「社会が、その最後の一人の為に生存権を保全せんとするの理想を意味する」という。そして、一部の政治家は、行財政の整理を不要不急の仕事である社会事業から始めるべきであると言っているが、今日の情勢からすれば、社会事業ないし社会政策を大きな問題として扱わないのは「時宜に遅れた仕業」となっていると主張した。

周知のように、現代社会の現実では、多数者は常に強く、少数者は弱い。阪神淡路大震災の経験に照らせば、弱いのは、高齢者、障碍《がい》者、子ども、外国人、失業者などの少数者であった。経験的に、多数者の幸福は常に確保されている。

多数決原理から考えても多数者の幸福は実現できる。だから、立法原理としては少数者の幸福にこそ目を向けるべきである。少数者の幸福が実現できれば万人が幸福である。万人の幸福は最後の一人が幸福になって初めて実現する。

牧野は、最後の一人の生存権を主張する根拠に、最後の一人まで戦うことを国民的理想とした第一次世界大戦を想い、最後の一人の生存権を保全することによってその最後の一人までを必要なら戦わせることができることを挙げている。つまり、最後の一人の生存権の原理は、国家をさらに強固にし、さらに偉大にし、さらに尊厳ならしめる原理と位置付けられているのである。しかし、牧野は時代に抗することができなかったと言うべきであろう。

「最後の一人」を語るとき、そこにあるのは、人間の繋がりである。やや異なる文脈ではあるが、かつて存在した南アのアパルトヘイトと闘って一九八四年にノーベル平和賞を授与されたデズモンド・ツツ主教が受賞記念講演で次のように語ったのが心に残る。

「いったいいつになったら、人間が無限の価値をもつということに私たちは気づくのでしょうか？

人びとの人間性を無視することは、自分たちの人間性を無視することなのです。抑圧することは、たとえそれ以上でないとしても被抑圧者と同じくらい抑圧者の人間性を損なうのです。人間になるためには、真に自由になるためには、お互いが必要なのです。私たちは、人間の仲間、共同体、平和の中だけで人間になれるのです」。

人間が繋がっているからこそ、まだ一人残っているのではないか、まだ声を聴いていない小さき者、弱き者が残っているのではないか、と問うことができる。このことを国連のアジェンダ２０２０も問いかけている。

ところで、NGOは自己の意思で活動する人たちの集まりであり、いわゆる「地域代表」「職能代表」「利益代表」ではない。しかし、中間団体としてのNGOの中には、労働組合とか生活協同組合とか漁業協同組合など特定集団を代表しているものもあるが、以下では公益を担うNGOの代表制に的を絞って考えていくことにする。

なお、われわれの経験では、最後の一人の生存権の根拠はわれわれの人間としての繋りにこそある。

最大多数の幸福は、一〇〇人の村では九九人の幸福であり、最後の一人は切り捨てられることとなる。しかし、その最後の一人が幸福になれば万人が幸福になる。いまこそ、立法・行政原理としては、「最大多数の最大幸福」を脱し、「少数者の幸福の徹底した重視」へ、と転換しなければならない。そうすれば、まさに「最後の一人まで」が仕合せになる。これが、一人一人が輝いて生きる社会の実現の意味である。

第四章　ＮＧＯの役割

一　公益を担《にな》う

一九世紀以来国家と国民の関係は、統治・被統治という構図の中で捉えられ、国家権力と個人との関係に憲法が機能し人権保障が行われてきた。そして、国家と個人の中間に位置する中間団体として営利企業が巨大化するにつれ、営利企業を社会的権力と位置づけ、これに人権規定の効力を及ぼすことが考えられた（人権規定の第三者効力論）。しかし、他方で、中間団体の中でも、政府と同じく公益増進のために活動し、営利を目的としない団体が増加した。中間団体としてのＮＧＯやＮＰＯは、それぞれが教育、医療、福祉、人権、援助等、社会の中で政府が担う役割と類似した役割を果たしている。

こうした団体は、政府との関係では「非」政府（non-govermenntal）、営利企業との関係では「非」営利（non-profit）と位置づけられた。

政府は全能ではなく政府の機能を無限に大きくすることは望ましくもないし、できるものでもなく、すべての公的分野の仕事を政府がカバーできるものでもない。従来の政府機能を事業の観点から見て、民間規制の緩和や営利を追求する国営企業の民営化、業務の民間委託などにみられる流れは、このことを示している。

他方、社会の中で、「利益配分」に着目すれば、経済社会の中では、「利益を生み出し、これを配分することを主目的とする団体」と、「利益を生み出すことを主目的としない」団体（non-profit making organization）に分類できる。しかし、単に「非営利目的」というに留まらず。「公的目的」もつか否かが、当該団体の社会の中で果たす役割を論じる際の基準となる。その意味では、ＮＧＯ、ＮＰＯは「私」に対する「公」に関わってくる。

日本では、永らく、「公＝お上」であったが、「お上＝公」の希薄化が進み、「お上」による専門性の独占も失せてくるに及び、社会が豊かになってきたこととも相俟《ま》って、「公」の名のもとに存在した社会の各種の規制、桎梏《きっこう》、しがらみから人が解放され、自由になるとともに、個人の多様性を容認する社会へと社会が変容してきた。こうしたことが中間団体存在の背景となっている。また、現代社会のもう一つの特徴は、公益団体の増加のほか、営利企業についても、その社会的責任（CSR）が問われ、社会全体として個人の多様性を包摂する共同体の形成に向かっていることである。

ここで、日本に例をとり、現実のNGO、NPOとボランティアとの相違についても触れておきたい。ボランティア（volunteers）は、本来、志願者、有志、志願兵という意味であり、「自発的」（voluntary）に活動を行う人を指し、善意、奉仕、公益の要素が含まれる。この語も、阪神淡路大震災の折、百万人とも言われる人が自発的に神戸を目指し、ボランティア元年と言われたように、以後、定着した。ボランティアは、NGO、NPOにとって、協働者であり、寄付者でもあり、組織化されていない点に特色がある。しかし、近年は、ボランティア連合という形も見られるようになり、被災地住民とのつながりも強くなり、町おこしや村おこしにも寄与するようになっている。

NGOの活動分野は、たとえば、一九五四年のビキニ環礁で行われた米国の核実験で降灰により被害を受けた第五福竜丸事件後、原水爆禁止の国民運動の大きなうねりが生まれ、原水爆禁止団体が誕生した。安全保障や軍縮の分野は国家にとって敏感な分野であるが、ノーベル賞をもらった団体としては、一九九七年の地雷禁止国際キャンペーン（ICPL）、一九九九年の国境なき医師団（MSF）、二〇一七年の核兵器廃絶国際キャンペーン（ICA

N）などの軍縮・平和や人道援助NGOが活躍し、また人権擁護団体の日本の国内公益法人「自由人権協会」など、世界には多様なNGOが存在する。日本のNPO法上の法人数は、二〇二一年六月末現在五万余を数える。しかし、いかなる法人格も取得しないまま活躍する団体もあり、NGOの実数は掴めない。いずれにしろ、公益を担っている。

二　公益の分野

NGOの主要な役割をまとめると、政策提言や政府の監視から、教育、医療、福祉、災害支援、開発援助、ケア施設や子ども食堂等の事業運営など多岐にわたる。これを、日本の特定非営利活動促進法（いわゆるNPO法）は、「ボランティア活動をはじめとする市民が行う自由な社会活動」として、「特定非営利活動」について、「不特定かつ多数の者の利益の増進に寄与することを主たる目的とする」活動と定め、以下の二〇種類を掲げる。

① 保健、医療又は福祉の増進を図る活動

②　社会教育の増進を図る活動
③　まちづくりの増進を図る活動
④　観光の振興を図る活動
⑤　農山漁村又は中山間地域の振興を図る活動
⑥　学術、文化、芸術又はスポーツの振興を図る活動
⑦　環境の保全を図る活動
⑧　災害救援活動
⑨　地域安全活動
⑩　人権の擁護又は平和推進を図る活動
⑪　国際協力の活動
⑫　男女共同参画社会の形成の促進を図る活動
⑬　子どもの健全育成を図る活動
⑭　情報化社会の活性化を図る活動
⑮　科学技術の振興を図る活動
⑯　経済活動の活性化を図る活動

⑰　職業能力の開発又は雇用機会の拡充を支援する活動
⑱　消費者の保護を図る活動
⑲　前各号に掲げる活動を行う団体の運営又は活動に関する連絡、助言又は援助の活動
⑳　前各号に掲げる活動に準じる活動として都道府県又は指定都市で定める活動

なお、国際団体に関してではあるが、国際ＮＧＯの法的人格の承認に関する欧州条約は、活動を列挙することをせず、「国際的に有用な非営利目的」をもつことをＮＧＯが法人格の承認を受けるための要件の一つとしている。同条約の説明報告書では、「国際社会にとって価値ある活動」（work of value to the international community）とのみ定めている。さらに敷衍して、「国連憲章ならびに欧州協議会規程の目的と原則の達成に貢献しなければならない」としている。

三　人権関連団体

ＮＧＯはＮＰＯ法にもとづくものだけとは限らない。国際人規約自由権規約委員会に対していわゆるカウンターレポートを提出している自由人権協会は、前述のように、公益社団法人であるし、一九九三年のウィーン世界人権会議を目指して創られた「世界人権会議連絡会」に名を連ねた団体は各種であった。まして、国際人権に関する分野はきわめて広く、国際連帯の上に、国内でこそ実現されるべきものであり、また、ＮＰＯ団体でも、前述のＮＰＯ法上の目的を一つに限るところは少ない。一九七九年にインドシナ難民支援を目的に設立された難民を助ける会（認定ＮＰＯ法人）は、これまで六〇以上の国・地域で支援活動を行ってきたが、現在では、緊急支援のほか、障碍《がい》者支援、地雷・不発弾処理、感染症対策、国際理解教育（啓発）の五本柱で活動しているし、阪神淡路大震災を契機に活動をはじめ、二〇〇二年一月に設立されたＮＰＯ法人「ＣＯＤＥ海外災害援助市民センター」は、東日本大震災を含め、そして現在のコロナ禍の支援など、これまで三五カ国・地域で六三のプロジェクトを実施してきており、子ども、保健・医療、地域・まちづくり、災害支援、国際協力・国際交流、学術研究（複合分野その他）に活動してきている。

実際、災害の現場に行けば、支援は、子ども、女性、障碍《がい》者、高齢者、外国人に必ず目がいくし、生活支援、住居支援、教育から医療・福祉・看護と多岐にわたることは目に見えている。仮設住宅を寄付し、水を供給して終わりではない。それぞれが得意とする分野をもつ複数のＮＧＯとの連携協力もまた必然である。これは国の内外を問わない。

支援は、人の住むところへ向けて、やすやすと、県境も、州境も、国境も越える。人と人と繋がっているから、そして、若者が若さを爆発させ、生き生きと輝き、自己のイニシアチブで働く場となっているＮＧＯ・市民社会こそが、何にもとらわれることなく、人と繋がり、人を代表することができるからである。

あとがき

二〇二一年八月一五日夜、一通り書き終えて、のんびりと七時のテレビニュースを見ていると、今夏の豪雨や長雨で各地に被害が続出し、しかも被害が甚大であることが、コロナ禍とともに、関東地方の大雨のことも、報じられていた。

お見舞いに横浜に電話したところ、先ほどラーラが逝った、と電話口の向こうで、長女が言った。アフガニスタンの国花ラーラから名づけられ二〇年近くを生きたわが家の黒猫である。

アフガニスタン内戦の女性と孤児を支援している「ラーラの会」という団体が奈良にある。その設立式に出た帰り、阪神高速神戸線を走っていた妻希和子の前の車から黒いものが捨てられ、それが子猫であった、という次第で、ラーラという名をもった。

アフガニスタンは一七四七年にペルシャから分離独立したが、イギリスの保護下に置かれ、一九一九年イギリスから独立した。一九七九年一二月、当時のソ連は軍事介入した。そのため、西側諸国は翌年のモスクワ・オリンピックをボイコットした。アフガニスタンでは、アフガンの自由と解放を目指し、ソ連に抗して戦う人の中に、フォトジャーナリスト長倉洋海が『マスード愛しの大地アフガン』で描くマスードがいた。彼は二〇〇一年、九・一一の二日前に暗殺された。九・一一後アメリカの介入が始まる。灌漑用水路を掘り、医療と農業の支援に尽くしたペシャワール会の中村哲医師も、二〇一九年一二月に暗殺された。代表を務めていたCODE海外災害援助市民センターは、内乱で荒らされたぶどう畑の支援のためカレーズ（地下水路）修復を支援した。そして今も、現地の文化・慣習を基に、日本の生協運動に学んで、起業資金の提供、干しぶどうの販売等、ぶどう農家を支援している。アフガニスタンはシルクロードに結ばれ、バーミヤン渓谷の仏教遺跡にも見られたように、古くから栄えた東西文化交流・交易の要衝であった。

この八月一五日、アメリカが撤退する中、いったんは追われた武装勢力タリバンが首都を制圧した。今また、いわゆる大国が顔を出す。平和とか民主とか自由とか人権とは何か、考えさせられることが多い。

八月は、日本では敗戦の日がお盆と重なり、京都の送り火、大文字に見られるように、火をもって先祖を迎え、火をもって先祖を送る祈りの日々である。戦火ではなく、そういう穏やかな「火」としたい。祈りのうちにじっくりと考えたい。

〈著者紹介〉
芹田 健太郎（せりた　けんたろう）

神戸大学名誉教授
1941年旧満州国生まれ、1963年京都大学法学部卒業、1966年同大学院法学研究科博士課程中退
神戸商船大学助手、神戸大学法学部教授・大学院国際協力研究科長。定年後、愛知学院大学大学院法務研究科長、京都ノートルダム女子大学長を歴任。2017年瑞宝中綬章。ほかに、現在、（公財）兵庫県国際交流協会評議委員長、（NPO 法人）CODE 海外災害援助市民センター名誉代表理事
本書に関連する著作は、『芹田健太郎著作集』全13巻（信山社、2019～2020年）、『国際人権法』（信山社、2018年）、SERITA Kentaro, The Territory of Japan : Its History and Legal Basis, 27, March 2018, Japan Publishing Industry Foundation for Culture（JPIC）Tokyo, 新ブリッジブック『国際法入門』（信山社、2020年）

信山社新書

せりけんシリーズ 1

国際人権法と日本の法制

2021（令和３）年10月30日　第１版第１刷発行

©著　者　芹　田　健　太　郎
発行者　今　井　　貴
　　　　稲　葉　文　子
発行所　㈱　信　山　社
〒113-0033 東京都文京区本郷6-2-102
電話 03(3818)1019　FAX 03(3818)0344

Printed in Japan, 2021　　印刷・製本／藤原印刷株式会社

ISBN 978-4-7972-8110-1 C1231 ¥980E

国際法・国際人権法

芹田健太郎著作集

第 1 巻　人類史と国際社会

第 2 巻　地球社会の人権論

第 3 巻　永住者の権利

第 4 巻　犯人引渡と庇護権の展開

第 5 巻　欧米の揺籃期国際人権保障

第 6 巻　開発援助と緊急援助

第 7 巻　環境法・公害法と海洋法

第 8 巻　島の領有と大陸棚・排他的経済水域

第 9 巻　日本の領土

第 10 巻　紛争処理・条約締結・租税免除・戦後処理

第 11 巻　新国家と国際社会

第 12 巻　憲法と国際環境〔別巻Ⅰ〕

第 13 巻　随想・社会時評・講演録〔別巻Ⅱ〕

信山社